Dr Johr

LE CLUB DE ROME
LE THINK TANK DU NOUVEL ORDRE MONDIAL

ⒸMNIA VERITAS.

John Coleman

John Coleman est un auteur britannique et un ancien membre du Secret Intelligence Service. Coleman a produit diverses analyses concernant le Club de Rome, la Giorgio Cini Foundation, le Forbes Global 2000, le Interreligious Peace Colloquium, le Tavistock Institute, la noblesse noire ainsi que d'autres organisations qui se rapprochent de la thématique du Nouvel Ordre Mondial.

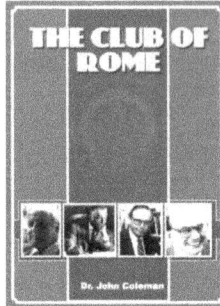

LE CLUB DE ROME
LE THINK TANK DU NOUVEL ORDRE MONDIAL

THE CLUB OF ROME
The Think Tank of the New World Order

Traduit de l'anglais et publié par Omnia Veritas Limited

© Omnia Veritas Ltd – 2022

OMNIA VERITAS®

www.omnia-veritas.com

Tous droits réservés. Aucune partie de cette publication ne peut être reproduite par quelque moyen que ce soit sans la permission préalable de l'éditeur. Le code de la propriété intellectuelle interdit les copies ou reproductions destinées à une utilisation collective. Toute représentation ou reproduction intégrale ou partielle faite par quelque procédé que ce soit, sans le consentement de l'éditeur, de l'auteur ou de leurs ayants cause, est illicite et constitue une contrefaçon sanctionnée par les articles du Code de la propriété intellectuelle.

Le Club de Rome (COR) est le principal "think tank" du Nouvel Ordre Mondial qui était inconnu en Amérique jusqu'à ce que le Dr Coleman l'expose pour la première fois en 1969 et le publie sous le même titre en 1970. Créé sur les ordres du Comité des 300, son existence a été niée jusqu'aux célébrations de l'anniversaire de sa fondation à Rome, 25 ans plus tard. Le Comité des régions joue un rôle essentiel dans tous les plans du gouvernement américain, internes et externes. Il n'a rien à voir avec Rome, l'Italie ou l'Église catholique.

CHAPITRE 1

LES ÉCHOS DE LA RÉVOLUTION FRANÇAISE

Afin de commencer à comprendre les événements mondiaux, il est nécessaire que nous réalisions que les nombreux faits tragiques et explosifs du 20ème siècle ne sont pas survenus par eux-mêmes, mais qu'ils ont été planifiés selon un schéma bien établi. Qui étaient les planificateurs et les créateurs de ces événements majeurs ?

Les créateurs de ces bouleversements souvent violents et révolutionnaires appartiennent pour la plupart à des sociétés secrètes qui infestent notre monde, comme elles l'ont toujours fait. La plupart du temps, ces sociétés secrètes sont basées sur l'occulte et les pratiques initiatiques, mais comme toutes les sociétés secrètes qui composent les gouvernements secrets, elles sont contrôlées par le Comité des 300.[1] Les personnes mal informées, qui croient que l'adoration du diable, les démons et la sorcellerie ont disparu de la société moderne, sont mal informées. Aujourd'hui, les sociétés secrètes basées sur l'occultisme,

---

[1] Cf, *La hiérarchie des conspirateurs – Histoire du comité des 300*, Omnia Veritas Ltd, www.omnia-veritas.com

ainsi que le luciférianisme, la magie noire et le vaudou, sont florissantes et semblent être beaucoup plus répandues qu'on ne le pensait à l'origine.

C'est la tolérance de ces sociétés secrètes parmi nous, dont beaucoup de dirigeants se font passer pour des chrétiens, ajoutée à notre attitude permissive envers ces organisations et leurs dirigeants qui sont la cause de nos problèmes, nationaux et internationaux. Tous les troubles, toutes les révolutions et toutes les guerres peuvent inévitablement être attribués à l'une ou l'autre ou à une combinaison de plusieurs sociétés secrètes. Le secret indique un problème, car si les sociétés secrètes travaillaient pour le bien de l'individu et de l'État, pourquoi le besoin d'un secret aussi profond grâce auquel elles se dissimulent elles-mêmes, leurs organisations et leurs actes ? Je rappelle que la pratique du vaudou, attribuée à l'Afrique noire, est en réalité née de Jethro, l'Éthiopien. Comme le vaudou, la plupart des pratiques occultes et les sociétés secrètes qui les accompagnent sont anti-chrétiennes, et elles ne s'en excusent pas, bien que certains membres de la franc-maçonnerie tentent de dissimuler ou de cacher leurs enseignements anti-chrétiens.

Pourtant, et c'est tout à leur honneur, les francs-maçons réalisent que le Christ était bien plus qu'un chef religieux. Les francs-maçons croient que le Christ est venu pour changer la face du monde et qu'il s'est opposé aux sociétés secrètes. C'est pourquoi tant de sociétés secrètes tournent leurs adhérents contre le christianisme. Dès que le Christ a commencé son ministère, le gnosticisme a surgi en opposition aux idéaux parfaits du christianisme. Le Christ a averti le monde que nous ne luttons pas contre la chair et le sang, mais contre les forces des ténèbres et la méchanceté spirituelle dans les hautes sphères. Cela signifie que la ligne de fond de notre lutte contre le communisme, le marxisme, le socialisme, le libéralisme et un gouvernement mondial unique est une lutte spirituelle. Montrez-moi une société secrète et je vous montrerai une théocratie occulte qui déteste le Christ. Le Christ a dit : **"Connaissez la vérité et la vérité vous rendra libres."**

Notez que le Christ a utilisé l'impératif. Le Christ parlait des gens qui étaient asservis aux sociétés secrètes — comme aujourd'hui — donc les gens ordinaires qui sont méprisés par les dirigeants des théocraties occultes, qui n'ont aucune utilité pour eux, si ce n'est celle de serviteurs et d'esclaves.

Ces dirigeants trouvent parfaitement normal de tuer des millions de personnes qu'ils considèrent comme "excédentaires par rapport à leurs besoins". Cette philosophie diabolique du "tuer" s'est glissée dans l'armée américaine par le biais d'hommes comme Richard Cheney, Donald Rumsfeld, Richard Perle et Paul Wolfowitz. Il s'agit d'un concept totalement étranger qui n'a pas sa place dans une forme de gouvernement républicain. Les dirigeants de sociétés secrètes maléfiques menacent notre civilisation tout entière. Certains des cultes secrets qui sont très actifs dans nos affaires aujourd'hui sont le gnosticisme, le culte de Dionysos et le sujet de cet ouvrage, le culte du Club de Rome. Mais je dois revenir au point de départ de ce travail, qui se trouve dans l'histoire moderne sous le titre de "La Révolution française".

Les livres d'histoire modernes n'enseignent pas que la prétendue Révolution française trouve ses racines en Angleterre, où un démoniste, William Petty, le comte de Shelburne, a formé les économistes Malthus et Adam Smith de la British East India Company (BEIC), ainsi que les meurtriers de masse Danton et Marat. Après avoir passé du temps avec Shelburne en Angleterre, Danton et Marat ont été emmenés à Paris pour être lâchés sur un peuple français sans défense et sans méfiance et sur la monarchie, dans une orgie de soif de sang. Des années plus tard, Lord Alfred Milner devait lâcher Lénine sur une Russie chrétienne sans méfiance, dans une copie presque conforme de la Révolution française.

La force motrice de la Révolution française était une société secrète appelée les Illuminati, orchestrée par la loge franc-maçonne Qator Coronati de Londres et la loge franc-maçonne (Orient) des Neuf Sœurs de Paris. Un bref historique des Illuminati est essentiel si nous voulons comprendre comment le Club de Rome a été constitué. Les origines des Illuminati ne font pas l'unanimité, mais on s'accorde à dire que les Illuminati sont issus des Rose-Croix, les soi-disant maîtres détenteurs de nombreux secrets tels que la pierre philosophale, que les rosicruciens disent avoir reçus des anciens Chaldéens, des Mages et de la prêtrise égyptienne.

Les rosicruciens affirment qu'ils peuvent protéger la vie humaine par l'utilisation de certains narcotiques et prétendent également être capables de restaurer la jeunesse. Ils sont également connus sous le titre "les Immortels" et enseignent que tous les mystères leur ont été révélés. Au début, ils étaient connus sous le nom de "Frères invisibles", puis de "Frères de la Rose-Croix". Une branche des Rose-Croix s'appelle elle-même "le Rite de Swedenborg" ou "les Illuminati de Stockholm". Elle a été fondée en 1881 par Emmanuel Swedenborg, un Maître Maçon, dont la signature figure toujours sur la liste des membres de la Loge de Lund, en Suède, où Swedenborg est né. Le Rite de Swedenborg n'est qu'une modification de l'Ordre des

Illuminati d'Abingdon, créé en 1783. À l'époque, comme aujourd'hui, c'était la crème de la royauté, de la noblesse et de la haute société qui étaient les leaders de cet ordre secret. Mais l'ordre principal des Illuminati a été fondé en Bavière le 1er mai 1776 par un certain Adam Weishaupt, professeur de droit canonique à l'université d'Ingolstadt.

Weishaupt était un produit de l'éducation jésuite, et les Illuminati ressemblent beaucoup à l'Ordre de la Croix d'Or. Là encore, l'illuminisme est clairement lié à la maçonnerie, à l'ordre des Rose-Croix, aux Templiers — ou à l'ordre des degrés maçonniques français. Derrière tous ces ordres se trouvait Moses Mendelssohn, un étudiant de la Kabbale, dont l'objectif déclaré était d'établir un gouvernement mondial unique — le Nouvel Ordre Mondial. La principale activité des Illuminati était, et est toujours, de mener une guerre contre le christianisme, bataille qu'ils mènent par le biais d'accusations honteuses contre la vie et les enseignements du Christ. Politiquement parlant, les Illuminati travaillent à renverser l'ordre existant de tous les gouvernements, plus particulièrement ceux qui pratiquent la religion chrétienne. Ses membres s'engagent à obéir aveuglément à leurs supérieurs et à leurs plans secrets et révolutionnaires visant à instaurer le Nouvel Ordre Mondial, qui a commencé à fonctionner avec la Révolution française.

Les plans des Illuminati pour détruire la monarchie chrétienne de France ont été découverts lorsqu'un messager Illuminati du nom de Jacob Lang a été tué par la foudre alors qu'il chevauchait son cheval pour livrer des instructions révolutionnaires aux loges bavaroises. Par la suite, les papiers de Lang sont tombés entre les mains des autorités bavaroises, et plus tard, une boîte en fer remplie de papiers donnant les détails du complot à venir contre la France a également été découverte. L'illuminisme a été introduit en France par le marquis de Mirabeau, puis adopté par le duc d'Orléans, Grand Maître de la franc-maçonnerie du Grand Orient en France. Il fut d'ailleurs décidé d'introniser Talleyrand, l'un des personnages les plus notables de son époque, dans l'Illuminisme. L'un des actes de putridité pratiqués par les adhérents de l'Ordre des Illuminati est la castration. Janos Kadar, l'ancien dictateur de la Hongrie, a annoncé publiquement qu'il avait effectivement subi ce rite.

CHAPITRE 2

CROWLEY, PIKE ET MAZZINI

Ni la franc-maçonnerie ni l'illuminisme ne se sont éteints. Certains, dans les milieux du renseignement, pensent que les deux sont plus forts aujourd'hui qu'ils ne l'étaient à l'époque de la Révolution française.

La mort des leaders mondiaux des Illuministes/Maçons, Guiseppe Mazzini et Albert Pike, n'a pas signalé de changement dans la croissance et la direction de ces deux organisations.

Il ne fait aucun doute que certains seront offensés par mes références à la maçonnerie. Je n'ai pas l'intention d'offenser les Maçons. J'essaie simplement de présenter un compte rendu fidèle du comment et du pourquoi de certains événements dans le monde.

Les maçons américains prétendent, à tort, que leur maçonnerie diffère de la maçonnerie européenne. Permettez-moi de corriger cette erreur : les cabalistes rosicruciens, Leon Templer et Jacob Leon, ont conjointement conçu la Grande Loge anglaise de la Maçonnerie, ainsi que son emblème.

Il y a là un lien très net entre la maçonnerie anglo-saxonne et la maçonnerie occulte européenne du Grand Orient. Je dis "occulte", car c'est ainsi que le grand général allemand Ludendorff l'appelait. Le lien entre la maçonnerie rosicrucienne européenne et la maçonnerie américaine a toujours été étroit, et il l'est encore aujourd'hui.

Les trois principaux rites maçonniques sont :

> ➢ Le rite écossais de la franc-maçonnerie qui compte 33 degrés.
> ➢ Le Rite de Mizraïm, ou Rite Égyptien, avec 96 degrés.
> ➢ Le rite oriental qui est fondamentalement celui suivi par la maçonnerie européenne.

John Harker, auteur de *Grand Mystic Temple,* a déclaré ce qui suit :

> *Nous, les Anglais, nous sommes donc joints au Rite écossais, alliés au Mizraïm, et maintenant au Memphis. Dans le cas du premier, nous avons établi des relations avec divers grands conseils suprêmes et révisé les statuts de 1862 de préférence à la fausse constitution de 1786, dans l'année 1884, au Mizraïm, avec les anciens corps de Naples et de Paris et à Memphis avec l'Amérique, l'Égypte, la Roumanie et divers corps travaillant ce Rite. Nous avons aussi dans ces trois Rites accepté des chartes étrangères pour confirmer nos pouvoirs originaux.*

Cela devrait mettre fin à la croyance erronée souvent citée par les maçons américains selon laquelle la maçonnerie anglo-saxonne n'a rien à voir avec la maçonnerie européenne. Harker aurait dû le savoir, après tout, puisqu'il était le Grand Mystique.

Le 11 novembre 1912, Harker fut élu Grand Maître Impérial, un degré supérieur au 96ème degré du Rite de Mizraïm. Après sa mort en 1913, Henry Mayer puis Alistair Crowley, Grand Maître Patriote du 33ème, 90ème et 96ème degrés, lui succèdent. Il est donc clair que les maçons américains font partie intégrante de la maçonnerie européenne, qu'ils le sachent ou non, et la vérité est que la plupart ne le savent pas. Crowley était l'une des figures les plus bestiales de l'histoire des sociétés secrètes ; un homme qui devait grandement influencer les politiques du Club de Rome (COR.).

Crowley aimait citer Malthus et Adam Smith, serviteurs de la British East India Company (BEIC), aujourd'hui connue sous le nom de Comité des 300. Les deux hommes ont joué un rôle de premier plan dans la volonté concertée du roi George III de ruiner les colons américains par le biais de la voie à sens unique du "libre-échange".

Malthus et Smith sont devenus les "fils préférés" du COR. Il est très facile de voir le lien entre les plans du BEIC et les politiques actuelles du COR, en particulier dans les politiques de "croissance zéro post-industrielle" du COR visant à mettre fin à la domination industrielle des États-Unis. La religion de base suivie par le Club de Rome est le gnosticisme et le culte des Bogomiles et des Cathares. Les membres de la monarchie britannique croient fermement à ces "religions" et, dans l'ensemble, il est exact de dire que les membres de la famille royale ne sont certainement pas chrétiens. Il est également assez facile de voir le lien avec le "Comité des 300".

Crowley aurait pris part à plus de 150 meurtres rituels, une partie importante de la démonologie occulte. La plupart des victimes étaient des enfants, tués avec un couteau en argent.

Ces pratiques bestiales se poursuivent encore aujourd'hui, ce qui pourrait expliquer le grand nombre d'enfants disparus qui ne sont jamais retrouvés. Crowley est toujours très admiré par la hiérarchie du COR, comme il l'était par plusieurs des principales personnalités britanniques dans l'affaire de l'espionnage atomique. Anthony Blunt, le Gardien de l'Art de la Reine[2] (un titre très élevé) avant d'être démasqué comme agent du KGB, était un grand dévot de Crowley.

L'essentiel est que la maçonnerie, à partir du degré de *chevalier Kadosh*, est une révolte permanente contre l'ordre existant des choses et qu'elle est vouée au renversement du christianisme et de la République des États-Unis d'Amérique — comme l'est d'ailleurs le COR. Tant que la maçonnerie continuera à prospérer parmi nous, le chaos et l'agitation continueront, car c'est l'intention et le but de toutes les sociétés secrètes révolutionnaires. Le Club de Rome moderne n'est qu'une succession continue et ininterrompue de sociétés secrètes qui ont pour objectif la destruction de la liberté, ce qui s'est produit au cours de la période que nous connaissons aujourd'hui comme l'âge sombre. On peut donc supposer sans risque de se tromper que le COR est un projet de Nouvel Ordre Mondial — un gouvernement mondial unique conçu pour faciliter une transition plus rapide vers l'esclavage universel connu sous le nom de Nouvel Âge Sombre, sous le contrôle du Comité des 300.

---

[2] Keeper of the Queen's Art, Ndt.

CHAPITRE 3

QU'EST-CE QUE LE CLUB DE ROME ?

L e nom même a été choisi pour tromper les imprudents, car le Club de Rome n'a rien à voir avec le Vatican ou l'Église catholique. Pendant que les malfaiteurs travaillent nuit et jour, l'Amérique chrétienne sommeille. Lorsque j'ai écrit la première édition de cet ouvrage en 1970, seule une poignée de personnes dans les services secrets connaissaient l'existence de cette société secrète, la plus puissante, aux mains du Comité des 300.

Le Club de Rome est composé des membres les plus anciens de ce qu'on appelle la noblesse noire d'Europe, descendants des anciennes familles qui possédaient, contrôlaient et dirigeaient Gênes et Venise au 12ème siècle. Ils sont appelés "Nobles Noirs" en raison de leur recours aux coups bas, aux meurtres, au terrorisme, aux comportements contraires à l'éthique et à l'adoration de Satan — des actes "noirs". Ils n'ont jamais hésité à utiliser la force contre quiconque osait se mettre en travers de leur chemin, et cela n'est pas moins vrai aujourd'hui qu'au cours de la période allant du 13ème au 18ème siècle.

La noblesse noire vénitienne est étroitement liée au "German Marshall Fund", un autre nom — comme le Club de Rome — choisi pour tromper les naïfs. La noblesse noire vénitienne est constituée des familles les plus riches et les plus anciennes de toute l'Europe, leur richesse dépassant de loin celle des Rockefeller, par exemple, et elles font partie du Comité des 300, l'organe de contrôle le plus puissant du monde. L'une des plus anciennes dynasties de la noblesse noire vénitienne est la dynastie des Guelfe. La reine Elizabeth II, par exemple, est une Guelfe noire — son arrière-grand-mère Victoria descendait de cette famille. La noblesse noire et la royauté européenne sont des membres éminents du COR, qui a pour objectif la dissolution des États-Unis en tant que puissance industrielle et agricole. Ses autres objectifs ne sont pas aussi visibles et sont d'une nature plus complexe, je commencerai donc par les détails de la conférence spéciale du COR et détaillerai ce qui a été dit et qui l'a dit.

Comme pour montrer leur mépris total pour la victoire de Ronald Reagan aux élections de novembre 1980, le groupe a choisi de se réunir à Washington, D.C. Selon le procès-verbal de la réunion enregistré secrètement par un officier de renseignement, l'ordre du jour portait sur la meilleure façon de démembrer le cœur industriel des États-Unis et de se débarrasser de ce qu'un délégué a appelé "la population excédentaire". Cela correspondait au plan de Sir Bertrand Russell, tel qu'il a été ouvertement exposé dans son livre *The Impact of Science on Society.* D'autres discussions portent sur les méthodes à utiliser pour prendre le contrôle des affaires intérieures des États-Unis. Comme plusieurs des délégués étaient issus des anciennes familles de la noblesse noire ou avaient travaillé pour elles pendant des années, les tactiques de sédition et de terreur discutées représentaient un défi direct pour le gouvernement et le peuple des États-Unis.

Le problème est que le peuple américain ne savait rien de cette réunion de dangereux satrapes de la Noblesse Noire, et les chacals des médias n'étaient pas prêts à les éclairer sur l'intention et le but du conclave. C'était l'un des secrets les mieux gardés de tous les temps. La conférence a été initiée et financée par le Fonds Marshall allemand, composé des membres du noyau dur du groupe de planification Morgenthau de la Seconde Guerre mondiale, qui sont eux-mêmes sous le contrôle de trois ou quatre membres du vénérable Ordre de Saint-Jean de Jérusalem.

Cette organisation est à l'origine du projet de désindustrialisation de l'Allemagne d'après-guerre, de sa partition et de la transformation de ce qui restait du pays en terres agricoles. La tentative d'éradication totale de la nation allemande est l'œuvre de Morgenthau, un sioniste et un violent détracteur de l'Allemagne. Le Fonds Marshall allemand a puisé ses vastes ressources dans les entreprises du Comité des 300 et des banquiers internationaux de Wall Street et de la City de Londres, ceux-là mêmes qui ont financé la révolution bolchevique qui a établi le plus grand État esclavagiste de la planète et entraîné la mort atroce de millions de chrétiens, comme l'a relaté le célèbre écrivain Alexandre Soljenitsyne. Le président du German Marshall Fund était David Rockefeller, qui n'est pas étranger au financement de groupes révolutionnaires de toutes couleurs et de tous bords, depuis que lui et sa famille ont acquis richesse et notoriété.

L'ordre du jour de la conférence du COR comprenait les meilleurs moyens d'annuler la présidence Reagan, qui avait quelque peu surpris les membres du Club. L'accent est mis sur le blocage de la reprise économique promise par le candidat Reagan de l'époque. Pour y parvenir, les délégués ont appris que le parti démocrate devait être radicalisé. Le "parti démocrate" n'existe pas. Il ne peut y avoir de parti démocrate dans une République confédérée ou une

République constitutionnelle, ce que sont les États-Unis. Il a été suggéré que la meilleure façon de socialiser le président élu Reagan était de chasser les membres conservateurs de son cercle proche et de transformer les démocrates en un puissant parti socialiste anti-capitaliste, selon les principes énoncés dans le Manifeste communiste de 1848. (La taxe sur les gains en capital a été adoptée en 1989, résultat direct de la planification du COR).

En fait, depuis 1980, le parti démocrate a endossé le rôle de parti socialiste/communiste et devrait s'appeler "le parti socialiste/communiste des États-Unis". Parmi les personnes présentes à la réunion de Washington en 1980, il y avait Anthony Wedgewood Benn, leader des socialistes britanniques et principal stratège socialiste fabien. Benn a parlé de la tâche consistant à élaborer un plan d'urgence complet à cette fin, auquel il a ajouté une proposition de "guerre de classe" entre Reagan et le peuple américain. Un mois après leur première réunion, les comploteurs du Club de Rome sont retournés à Washington pour une deuxième conférence. La réunion a entendu un délégué représentant la soi-disant *fondation* conservatrice *Heritage Foundation*, un "groupe de réflexion" basé à Washington et financé par le magnat de la brasserie Joseph Coors.

Heritage a ensuite fait office d'agence de recrutement de facto pour la présidence Reagan, en soumettant une liste de 3000 noms de personnes qu'il jugeait aptes à occuper des postes clés de l'administration Reagan. La plupart des recommandations de Heritage étaient des libéraux et des socialistes de carrière à l'extrême gauche de Marx.

En 1980, Heritage Foundation était contrôlée en coulisse par l'archi-socialiste fabien, Sir Peter Vickers Hall, dont les antécédents appartenaient au Milner Group. (On se souviendra que Milner était l'instigateur de la cruelle guerre de génocide, la guerre anglo-boer, menée pour obtenir le contrôle de l'or et des diamants en Afrique du Sud). Parmi les autres socialistes éminents présents, citons feu Willy Brandt, l'un des principaux contacts européens du KGB, et feu Olaf Palme, François Mitterrand, alors au chômage, mais qui sera bientôt ramenée au pouvoir en France par le Comité des 300, Philip Agee, un ex-officier renégat de la CIA, Bettino Craxi, un socialiste italien de premier plan, Michael Harrington de l'Institute of Democratic Social Studies de Washington, D. C. et un socialiste espagnol inconnu du nom de Felipe Gonzalez, qui avait fait escale à La Havane pour consulter Castro avant de s'envoler pour Washington.

Le COR a nommé Gonzalez comme chargé de mission pour le Nicaragua et le Salvador, et il serait intéressant de savoir à quel point Gonzalez s'est impliqué dans les guerres en Amérique centrale et latine, dans lesquelles Castro a joué un rôle. Plus de 2000 délégués ont assisté à cette réunion étonnante, qui a pourtant été complètement occultée par les médias. C'est un hommage à mes relations dans le domaine du renseignement que, dans les trois jours qui ont suivi la réunion, en novembre 1980, j'étais en possession d'une documentation complète sur cette réunion impie de dirigeants socialistes. Les délégués du COR ont assisté à ce qu'ils ont perçu comme l'oraison funèbre des États-Unis, et parmi les Américains présents — outre Agee et Harrington — se trouvaient Jerry Rifkin, Gar Apelrovich de l'Institute for Policies Studies (IPS), les socialistes les plus en vue du pays,) Ron Dellums de Californie et Gloria Steinhem, organisatrice de la contre-culture Women's Lib/ERA dérivée des écrits de madame Kollontei, le leader communiste qui a fait le tour des États-Unis dans les années 1920-1930. Ensemble, les déléguées formaient une équipe aussi destructrice que possible. Bon nombre des principaux délégués participant à la conférence, outre Palme, Brandt et Benn, étaient des membres de l'Internationale socialiste qui se réunissaient quotidiennement avec des responsables du département d'État, dont Cyrus Vance et Henry Kissinger.

Au cas où l'on ne le saurait pas, l'Internationale socialiste est une organisation particulièrement dangereuse et subversive, qui soutient pleinement la légalisation des drogues et de la pornographie en tant qu'"outils de déstabilisation", à utiliser contre les États-Unis. Les détails des discussions n'ont jamais été rendus publics, mais selon les documents qui m'ont été fournis, le COR prévoyait d'isoler les États-Unis, en laissant ouvert un canal unique vers les pires éléments du Département d'État et du KGB. Voilà une situation qui sentait la trahison et la sédition, sans parler des accusations de conspiration qui auraient dû être portées contre ceux qui ont assisté aux deux réunions du COR.

Apparemment, une journée entière a été consacrée à la meilleure façon de mettre en œuvre le plan de Lord Russell pour étouffer l'industrie et débarrasser le monde de plus de 2 milliards de "mangeurs inutiles". Il a été décidé de redoubler d'efforts pour mettre fin à la construction de centrales nucléaires et promouvoir la politique de croissance zéro, conformément aux théories économiques d'Adam Smith et de Malthus et aux écrits de Russell. (Voir mon prochain livre, "Nuclear Power").

L'Internationale socialiste (IS) défend depuis longtemps l'idée de démanteler les grandes villes et de déplacer la population vers des villes plus petites et plus faciles à gérer (c'est-à-dire plus faciles à contrôler) et vers la campagne.

La première expérience à cet égard a été menée par le régime de Pol Pot au Cambodge, au su de Thomas Enders, un haut fonctionnaire du département d'État américain.

CHAPITRE 4

LIENS AVEC LE GÉNOCIDE MONDIAL

L e Club de Rome, comme l'IS, est fortement antinational et favorise la suppression du développement scientifique aux États-Unis, en Grande-Bretagne et en Europe, et plus récemment au Japon. On pense que le COR a entretenu certains liens avec des organisations terroristes comme les Brigades rouges.

Cette mesure a été mise en œuvre par l'intermédiaire de l'archi-socialiste Bettino Craxi, un ancien dirigeant du COR et un homme connu des services de renseignement français et allemands pour avoir eu des contacts avec le gang Bader-Meinhoff, une bande de voyous notoire qui dévalisait des banques et enlevait des personnalités pour obtenir des rançons.

C'est Craxi qui a essayé à plusieurs reprises de briser la résolution du gouvernement italien de ne pas négocier avec les Brigades Rouges pour la libération du général américain Dozier enlevé.

Craxi était très proche de Richard Gardner, un cadre du Comité des 300, et de Henry Kissinger. Gardner s'est marié dans la famille Luccatti, l'une des plus puissantes familles de la noblesse noire vénitienne, connue depuis des siècles pour ses compétences en matière de coups bas et de terrorisme.

Ni Craxi ni l'ancien président français, François Mitterrand, n'ont occupé de postes officiels en 1980, mais comme je l'ai signalé dans plusieurs numéros de *World in Review* (WIR) en 1971, Craxi était destiné à jouer un rôle de premier plan dans la politique italienne, et Mitterrand devait revenir au pouvoir en France — grâce au Club de Rome.

Ces prédictions et celles de Gonzalez se sont révélées exactes à 100%. Le 5 décembre 1980, la réunion de suivi de la réunion initiale du CdR à Washington D.C. a approuvé et accepté le *rapport Global 2000* du CdR — *un projet de génocide mondial*. Ce rapport appelait à la mort de 2 milliards de personnes d'ici 2010 (d'où son titre). De nombreux éléments permettent de lier ce plan à plusieurs événements catastrophiques qui se produisent dans le monde entier, comme le récent tremblement de terre désastreux en Chine.

La deuxième conférence a également adopté la politique de l'euthanasie pour se débarrasser de la population croissante de personnes âgées, et les délégués ont adopté avec enthousiasme le terme de Russell, "mangeurs inutiles", comme mot de code pour décrire des millions de personnes qui, aux yeux du COR, sont "excédentaires".

Il y en a qui peuvent considérer la "dépopulation" des Noirs, des Asiatiques et des autres races de couleur comme une bonne idée. "Il y a déjà beaucoup trop d'Indiens (d'Asie), de Chinois et de Noirs", m'a écrit un homme, "alors pourquoi êtes-vous contre cela ?".

La vérité est que ce ne sont pas seulement ces races qui sont destinées à être abattues ; les travailleurs industriels "excédentaires" des États-Unis sont également les cibles du rapport Global 2000. Les délégués aux deux réunions du CdR ont, l'un après l'autre, exprimé leur confiance dans leur capacité à promouvoir avec succès leurs plans.

Les célébrations du vingt-cinquième anniversaire, qui ont eu lieu en Allemagne en décembre 1993, devaient marquer ce qui avait été accompli jusqu'alors.

C'était également une justification personnelle pour moi, car lorsque j'ai révélé pour la première fois l'existence du COR en 1969, j'ai fait l'objet de moqueries et de railleries. "Toute cette idée est le fruit de votre imagination débridée", a écrit un homme. Un autre a dit. "Où est la documentation de votre rapport sur le Club de Rome ?" La réunion de décembre 1980 était si importante que l'on aurait pu penser que les médias auraient fait tout ce qui était en leur pouvoir pour obtenir un scoop. Mais il n'en a rien été. Les médias ont imposé le silence sur l'affaire, sans qu'aucune mention n'en soit faite dans la presse traditionnelle, à la radio ou à la télévision. C'est ce qu'on appelle la "liberté de la presse", à l'américaine. Le peuple américain est le peuple le plus menteur, le plus complice et le plus trompé du monde. Nous sommes aussi le peuple le plus censuré — dans ce cas, la censure par omission.

Que voulaient les délégués ? Michael Harrington l'a expliqué : "Willy Brandt veut un bouleversement social en Europe", et nous devrions nous rappeler que le bouleversement social actuel qui a lieu en Allemagne fait partie de ce plan. Ce n'est pas un accident. Nous ne devrions pas penser que le bouleversement social ne viendra pas aux États-Unis.

Le COR a bénéficié de la coopération du gouvernement le plus socialiste que l'Amérique ait jamais eu, à savoir l'administration Carter, qui se consacre à la mise en œuvre du Manifeste communiste de 1848, comme nous l'avons vu dans la politique étrangère de Carter qui s'est assise sur le feu de la révolution en Afrique du Sud, aux Philippines, en Iran, en Amérique centrale et en Corée du Sud. Les présidents Clinton et G. W. Bush ont repris le flambeau, comme nous l'avons vu en Yougoslavie.

La Pologne a été déstabilisée par la destitution du président Gereck, qui a été organisée par Richard Gardner, l'ancien ambassadeur américain à Rome.

L'un des principaux résultats de la réunion du COR a été la pression exercée sur le président Reagan pour qu'il conserve le service du représentant de la Banque des Règlements Internationaux aux États-Unis, Paul Volcker, à la tête des banques illégales de la Réserve fédérale. La Réserve fédérale n'est pas une institution du gouvernement américain, bien décrite par Louis T. McFadden, qui l'a appelée "la plus grande escroquerie de l'histoire".

C'est Anthony Wedgewood-Benn, un leader travailliste très en vue en Grande-Bretagne, qui a insisté sur le maintien de Volcker, malgré les promesses de campagne de Reagan de débarrasser l'Amérique du fléau Volcker. Benn estimait que Volcker était le meilleur homme pour provoquer la "guerre des classes" en Amérique. Benn nomme Rifkin pour aider Volcker dans cette entreprise, qui, dit-il, "va polariser les Américains". Le COR adopte un plan pour déstabiliser la monnaie par des taux d'intérêt plus élevés et en constante fluctuation.

Ils voulaient se débarrasser d'Helmut Schmidt, alors chancelier d'Allemagne, car il avait contribué à stabiliser les taux d'intérêt internationaux. Sir Peter Vickers Hall a demandé que les taux d'intérêt aux États-Unis soient portés à 20%, car c'était le meilleur moyen de mettre fin aux investissements en capital dans l'industrie. Volcker a pris soin de ne pas se montrer à la réunion du COR, mais on pense qu'il a été briefé par Hall de la Heritage Foundation. Stuart Butler, qui était directeur général de Heritage, avait ceci à dire aux délégués du CdR :

> *Avec l'administration Reagan, nous avons un gouvernement de droite qui va imposer des idées radicales de gauche. Il n'y a aucune raison pour que les communistes, les anarchistes, les libertaires ou les sectes religieuses* (il parlait du satanisme, du vaudou, de la magie noire, de la sorcellerie, etc.) *ne mettent pas en avant leurs philosophies.*

Butler a suggéré que la vieille doctrine socialiste des "zones de libre entreprise" soit imposée à l'administration Reagan. On trouve des zones de libre entreprise dans des endroits comme Manille et Hong Kong, sans parler de la Chine continentale. Ce sont littéralement des "ateliers d'esclaves".

Butler a demandé la création de zones de libre entreprise dans les régions où les industries avaient été déracinées et détruites. Butler envisageait des aciéries à l'arrêt, des usines de machines-outils fermées et des chantiers navals fermés.

Les "industries" indépendantes, si courantes à Hong Kong, seraient un moyen d'emploi approprié pour les personnes déplacées des villes dépeuplées, selon le plan de croissance zéro post-industriel.

CHAPITRE 5

LES HOMMES SONT COMME DES INSECTES

Je savais que peu de lecteurs allaient prêter attention à cet avertissement, écrit en 1981, une promesse de boom sous l'administration Reagan. Mais rappelez-vous, personne n'a cru les documents qui ont été trouvés sur le corps de Lange, messager des Illuminati. Les têtes couronnées d'Europe n'étaient pas d'humeur à écouter les "rapports alarmistes" émis par le gouvernement bavarois sur les plans des Illuminati pour un bouleversement sanglant en France ! Les gens n'aiment pas que leur sérénité soit perturbée. Comme nous l'avons souligné plus haut, le COR représente la structure de commandement des Illuminati et des 13 principales familles Illuminati aux États-Unis. Rappelez-vous que le plan des Jacobins de la Révolution française prévoyait l'assassinat de millions de ressortissants français "excédentaires", en particulier les chrétiens celtes bretons qui ont fait les frais de cette sauvagerie. En gardant cela à l'esprit, la déclaration faite par Mitterrand lors de la réunion du COR en décembre 1980 ne doit pas être prise à la légère :

> Le développement industriel capitaliste est l'ennemi et le contraire de la liberté.

Mitterrand voulait dire par là que le développement

industriel a donné aux gens une meilleure vie grâce à la coopération, c'est-à-dire au développement industriel, et que lorsque les gens ont une meilleure vie, ils sont enclins à avoir des familles plus nombreuses. Par conséquent, le développement industriel capitaliste est "l'ennemi de la liberté", simplement parce que les grandes zones de coopération (développement industriel) sont enclines à consommer davantage de leurs ressources naturelles (contrôlées par le Comité des 300). Telle était la logique tordue qui sous-tendait les politiques du Club de Rome.

Lors d'une réunion de suivi du COR tenue à Paris en mars 1982, Aurellio Peccei, fondateur du Club, a fait la déclaration suivante :

> Les hommes sont comme des insectes. Ils prolifèrent trop… Il est grand temps de faire le procès du concept d'État-nation qui fait obstacle à la culture mondiale. Le christianisme fait des hommes fiers ; une société mercantile, qui ne crée que de la culture morte et de la musique classique, des signes oppressants sur du papier.

Que l'on y croie ou non, mon article se veut un avertissement aux citoyens des États-Unis : l'équivalent des foules terroristes jacobines sera lâché sur notre nation sans méfiance en temps voulu. Les foules de type jacobin seront employées pour provoquer des changements radicaux dans la façon dont nous vivons en Amérique, des changements qui pourraient durer jusqu'à mille ans.

La politique du COR consiste à avoir *de moins en moins de personnes, à consommer de moins en moins et à exiger moins de services, par tous les moyens.* C'est un renversement complet de notre société où de plus en plus de gens demandent de meilleurs biens, services et style de vie, ce qui est l'essence d'une société productive sous une forme républicaine de gouvernement. De manière significative, Peccei n'a rien dit de la théocratie occulte qui se fait passer pour une religion, mais qui n'en est pas une, étant un système politique et économique conçu pour contrôler la vie des hommes, jusqu'au moindre détail, comme nous l'avons vu dans la révolution bolchevique. Peccei et le Club de Rome sont les successeurs des révolutions française et bolchevique, des socialistes, des Illuminati et des myriades de sociétés secrètes qui cherchent à transformer les États-Unis en un État-esclave, qu'ils appellent par euphémisme, une démocratie. Les États-Unis sont une République confédérée ou une République constitutionnelle. Ils ne pourront jamais être une démocratie, un régime imposé aux populations par une élite occulte qui a une longue histoire de destruction des sociétés libres.

Comme l'ont dit nos pères fondateurs, *toutes les démocraties pures de l'histoire ont été un échec total,* et ils n'avaient pas l'intention que les États-Unis finissent comme une démocratie ratée.

Les délégués du Club de Rome se sont engagés à prévenir le déploiement des missiles nucléaires américains en Europe, dont nous avons vu l'accomplissement le 5 décembre 1981. Des centaines de "jacobins" instigués par le COR sont descendus dans les rues de Paris et de Hambourg : il y a eu des émeutes et des troubles civils qui ont duré plusieurs jours et plusieurs nuits.

Note : L'action de la foule a réussi en 1989. Comme le Français Giscard d'Estaing était favorable à un parapluie nucléaire pour l'Europe, le COR s'en est débarrassé et l'a remplacé par le socialiste Mitterrand. L'un des principaux conseillers de Mitterrand était Jacques Attali, un occultiste, qui croyait au suicide : *Dans une société démocratique, le droit de se suicider est le plus fondamental des droits de l'homme.* Ceci est cohérent avec les croyances de Peccei selon lesquelles l'homme est une sorte d'accident au sein de la création et que la majorité des groupes de population du monde n'est pas nécessaires et ne devrait pas voir leurs opinions prises en compte. C'est le type de théocratie occulte qui a prospéré en Égypte, en Judée et en Syrie et dans de nombreuses autres parties du monde antique, dans lequel le culte de Dionysos a joué un rôle si important. Il est apparu très clairement lors des réunions du Club de Rome que son but et son objectif principaux étaient de :

> ➢ retarder le développement industriel,
> ➢ freiner la recherche scientifique,
> ➢ dépeupler les villes, en particulier les villes anciennement industrialisées d'Amérique du Nord,
> ➢ déplacer la population vers les zones rurales,
> ➢ réduire la population mondiale d'au moins 2 milliards de personnes,
> ➢ empêcher la réorganisation des forces politiques qui s'opposent aux plans du COR,
> ➢ déstabiliser les États-Unis par des licenciements massifs et des pertes d'emplois, ainsi que par des guerres de classes et de races,
> ➢ détruire l'entrepreneuriat individuel par des taux d'intérêt élevés et des taxes élevées sur les gains en capital.

Maintenant, pour les sceptiques qui trouvent mon rapport "bizarre" et "tiré par les cheveux", comme on l'a dit de ce travail, jetez un coup d'œil aux lois qui ont été adoptées par la Chambre et le Sénat depuis que ce groupe s'est réuni en novembre et décembre 1980, puis le 5 décembre 1981. Le fait que les médias aient soumis les Américains à une censure intense — que ce soit par omission ou par commission — ne rend pas ce rapport inexact et fantaisiste. Il est bon de se rappeler que lorsque les comploteurs de Jekyll Island se sont réunis pour provoquer un coup d'État contre notre système monétaire en Amérique, qu'ils ont appelé plus tard le Federal Reserve Act, personne n'en a eu connaissance — la presse a couvert les traces des banquiers et la nation américaine innocente a continué comme si rien de fâcheux ne se produisait. Le même ensemble de conditions s'applique à la planification du COR.

L'objectif ultime de l'action législative de Florence Kelley était de socialiser l'Amérique, et il a commencé à prendre forme à une vitesse effrayante sous l'administration de Franklin D. Roosevelt et de James Earl Carter. Florence Kelly était une notable socialiste fabienne à qui Roosevelt demandait et obtenait des conseils qui ont servi à la prise de nombre de ses décisions politiques. Avec le recul, nous constatons que de vastes zones de notre cœur industriel ont été mises à sac, que 40 millions de travailleurs industriels sont licenciés de manière permanente et que les conflits raciaux sont quotidiens. Il existe également de nombreux projets de loi socialistes qui empiètent directement sur l'avenir de ce grand pays, des projets de loi agricoles conçus pour priver les agriculteurs américains de leurs terres, des projets de loi sur la "criminalité" et des projets de loi sur l'"'éducation", qui sont à 100% inconstitutionnels.

Ne pensez pas que notre gouvernement hésitera à mener à bien des entreprises socialistes aux États-Unis, et ils n'auront pas besoin de troupes étrangères pour réaliser ces plans. L'Europe et les États-Unis sont décimés par la drogue, le sexe, la musique rock et l'hédonisme. Nous perdons notre héritage culturel, si méprisé par Aurellio Peccei. La hiérarchie américaine a été le plus grand fauteur de troubles du monde. Depuis la fin de la Seconde Guerre mondiale, nous sommes responsables de la déstabilisation de pays et de la destruction de leur caractère et de leur identité nationale. Regardez l'Afrique du Sud, le Zimbabwe (anciennement Rhodésie), la Corée du Sud, les Philippines, le Nicaragua, le Panama, la Yougoslavie et l'Irak, pour ne citer que quelques pays qui ont été trahis par les États-Unis.

CHAPITRE 6

LES DÉCISIONS DE POLITIQUE ÉTRANGÈRE

N ous, le peuple, sommes exclus du gouvernement ; nous sommes ignorés et notre destin est entre les mains des accapareurs d'armes et de ceux qui n'ont aucun respect pour la Constitution — avorteurs, meurtriers de bébés, accapareurs de pouvoir socialistes et toutes sortes de profiteurs des temps modernes. Le dénominateur commun, facile à retrouver dans toutes les théocraties occultes anciennes et modernes, est la soif de sang.

En regardant l'histoire, nous constatons que les pages des livres d'histoire sont tachées du sang des martyrs du christianisme, des gouvernements représentatifs républicains décents. On se souvient à peine de ces véritables holocaustes, et encore moins de leur commémoration. Le Club de Rome a un chapitre américain, qui se renforce chaque année. Voici une liste de ses membres :

- ➢ **William Whipsinger.** Association internationale des machinistes
- ➢ **Sir Peter Vickers Hall. Le** contrôleur des coulisses de la Heritage Foundation

- ➤ **Stuart Butler.** Fondation du patrimoine[3]
- ➤ **Steven Hessler.** Fondation du patrimoine
- ➤ **Lane Kirkland.** *Directeur général de l'AFL CIO*
- ➤ **Irwin** Suall. M16 et agent de l'ADL
- ➤ **Roy Maras Cohn.** Ancien conseiller de feu le sénateur Joe McCarthy.
- ➤ **Henry Kissinger.** Il n'y a pas besoin de présentation.
- ➤ **Richard Falck.** Université de Princeton (choisie par le COR pour faire la guerre à l'Afrique du Sud, à l'Iran et à la Corée du Sud)
- ➤ **Douglas Frazier.** Syndicat des travailleurs unis de l'automobile
- ➤ **Max Fisher.** United Brands Fruit Company
- ➤ **Averell Harriman.** Doyen du parti démocrate, confident socialiste de la famille Rockefeller.
- ➤ **Jean Kirkpatrick.** Ancienne ambassadrice des États-Unis auprès de l'ONU.
- ➤ **Elmo Zumwalt.** Amiral, marine américaine
- ➤ **Michaeel Novak.** American Enterprise Institute
- ➤ **Cyrus Vance.** Ancien secrétaire d'État
- ➤ **April Glaspie.** Ancien ambassadeur en Irak
- ➤ **Milton Friedman.** Économiste
- ➤ **Paul Volcker.** Les banques de la Réserve fédérale
- ➤ **Gerald Ford.** L'ancien président
- ➤ **Charles Percy.** Ancien sénateur des États-Unis
- ➤ **Raymond Matthius.** Ancien sénateur des États-Unis
- ➤ **Michael Harrington.** Membre de la Fabian Society
- ➤ **Samuel Huntington.** Planificateur en chef de la destruction des nations ciblées par le COR

---

[3] Heritage Foundation, NDT.

> ➤ **Claiborne Pell.** Sénateur des États-Unis
> ➤ **Patrick Leahy.** Sénateur des États-Unis

Il ne s'agit en aucun cas d'une liste complète des membres du COR de la section américaine. Peu de personnes disposent de la liste complète. Le Club de Rome est un important organe de politique étrangère internationale du Comité des 300.

Il est l'exécuteur et le superviseur des décisions de politique étrangère du Comité. Le COR bénéficie du soutien financier du German Marshall Fund, qui n'a rien à voir avec l'Allemagne, nom choisi dans l'intention de faire illusion. Les membres du German Marshall Fund sont, entre autres, les suivants :

> ➤ **Milton Katz.** Fondation Ford
> ➤ **David Rockefeller.** Banque Chase Manhattan
> ➤ **Russell Train.** Président du Fonds mondial pour la nature, Institut Aspen
> ➤ **James A. Perkins.** Carnegie Corp, une branche du Carnegie Trust du Royaume-Uni et de la Société des Amis (Quakers).
> ➤ **Paul G. Hoffman.** Concepteur, Plan Morgenthau, New York Life Insurance Co.
> ➤ **Irving Bluestone.** Conseil exécutif de l'Union des travailleurs de l'automobile
> ➤ **Elizabeth Midgeley.** Producteur de CBS
> ➤ **B.R. Gifford.** Fondation Russell Sage
> ➤ **Willy Brandt.** Ancien président de l'Internationale socialiste
> ➤ **Douglas Dillon.** Ancien secrétaire au Trésor des États-Unis.
> ➤ **John J. McCloy.** Université de Harvard, superviseur du Plan Morgenthau

> ➤ **Derek C. Bok.** Université de Harvard
> ➤ **John B. Cannon.** Université de Harvard

Voici un bref résumé des objectifs du Fonds Marshall allemand qui parraine les réunions du COR à Washington, D.C. C'est un fervent partisan de l'instauration du socialisme dans le monde entier. Ses principaux dirigeants sont issus de l'ancienne noblesse noire et de l'aristocratie européenne. Leurs objectifs politiques sont d'introduire dans le gouvernement toutes les pires caractéristiques de l'autocratie, de la théocratie et de la théocratie occulte.

La destruction de l'identité nationale et de la souveraineté des nations est l'un de ses principaux objectifs. Il y a littéralement des centaines de leurs agents dans les gouvernements des États-Unis, aux niveaux local, étatique et fédéral.

Il suffit d'examiner le bilan de dizaines de membres de la Chambre pour voir à quel point le German Marshall Fund a progressé dans le plan global de socialisation des États-Unis. Les gens me demandent : "Pourquoi le socialisme vous dérange-t-il ?"

La réponse est : parce que le socialisme est le plus dangereux des "ismes" auxquels la civilisation occidentale est confrontée. Il s'agit en fait d'un communisme rampant.

CHAPITRE 7

QU'EST-CE QUE LE SOCIALISME ?

Comme l'a dit un jour l'un des leaders du socialisme fabien :

> *"Le socialisme n'est rien d'autre que la voie vers le communisme et le communisme n'est que du socialisme pressé."*

Le peuple américain n'acceptera pas le communisme pur et simple ; il est donc nécessaire de nourrir les masses peu méfiantes de doses de socialisme jusqu'à ce que le processus de communisation soit achevé.

Dans le cas du COR, ils ont utilisé des socialistes purs et durs comme feu Willy Brandt, l'ancien président socialiste allemand, et John J. McCloy, qui étaient des membres du sanctuaire du groupe Morgenthau.

Après la Seconde Guerre mondiale, McCloy était le "haut-commissaire" d'une Allemagne vaincue et a exercé un lobbying intense pour en faire une nation pastorale non industrialisée.

En cela, il a été grandement aidé par Leslie Gelb et le secrétaire d'État de Jimmy Carter, Cyrus Vance, tous deux des socialistes profondément engagés. Gelb et Vance ont travaillé sans relâche pour désavantager les États-Unis pendant les longues négociations du traité SALT.

Le groupe interne dominant de la commission de planification de Morgenthau, qui est membre du Fonds des maréchaux allemands, comprend les personnes suivantes :

➢ **Averell Harriman, Brown Bros., Harriman, banquiers de Wall Street.**

Harriman est le principal responsable américain des efforts visant à amener les Soviétiques à rejoindre le gouvernement mondial unique, mais l'opposition et la méfiance de Staline à l'égard du nouvel ordre mondial dirigé par les États-Unis restent fortes et il refuse.

➢ **Thomas L. Hughes**

Partenaire de Brown Bros. Harriman. Concepteur du plan Morgenthau.

➢ **Robert Abercrombie Lovett**

Un partenaire de Brown Bros. Harriman et un concepteur du plan Morgenthau.

➢ **Prince Bernhard des Pays-Bas**

Un dirigeant de Royal Dutch Shell (l'une des principales entreprises du Comité des 300 et fondateur du groupe Bilderberg).

➢ **Katherine Meyer Graham (aujourd'hui décédée)**

Doyen de la presse établie, était membre de la famille Meyer et ami de Bernard Baruch et du président Wilson. Son père aurait dupliqué des obligations de la Première Guerre mondiale et aurait conservé les millions de dollars générés par les fausses obligations. Il n'a jamais été poursuivi en justice.

Le mari de Graham est mort dans des circonstances très suspectes. Les services de renseignement pensent qu'il a été assassiné et que sa femme a joué un rôle dans cette affaire, mais rien n'a jamais été prouvé. La famille Meyer contrôlait l'énorme banque d'investissement Lazard Frères.

➤ **John J. McCloy**

Le contrôleur de multiples entreprises du Comité de 300 rattachées à la royauté européenne à qui il sert de conseiller financier.

➤ **Professeur Samuel Huntington**

Un ardent sioniste-socialiste impliqué dans la chute de la plupart des gouvernements de droite ciblés par le Comité des 300 dans l'après-guerre.

➤ **Joseph Rettinger**

Le jésuite-socialiste chargé de recruter les membres du Bilderberg et de les présenter au groupe Harriman a autrefois travaillé pour Winston Churchill. On pense que Rettinger est l'homme qui a recruté Clinton en tant que futur dirigeant socialiste potentiel et qui l'a ensuite remis à Pamela Harriman pour qu'elle le prépare à occuper de hautes fonctions. Le plan de Rettinger consistait à créer un

État jésuite d'Europe centrale à partir de la Pologne, de la Hongrie et de l'Autriche, mais le plan d'après-guerre n'a pas été approuvé par le Comité des 300.

La plupart des membres de la noblesse noire et de la royauté européenne sont liés par mariage aux familles oligarchiques britanniques remontant à Robert Bruce, qui a fondé le rite écossais de la franc-maçonnerie. Prenez Lovet par exemple. Il est un membre de l'Union européenne étroitement allié à McCloy.

Les deux hommes étaient des amis proches des familles Auchincloss et Astor, qui entretiennent des relations étroites avec la "noblesse" britannique, néerlandaise, danoise et espagnole. Les Radziwills et Zbignew Brzezinski, le conseiller à la sécurité nationale de Carter, travaillaient également avec ce groupe. Tous sont des serviteurs du Comité des 300. Dans le groupement Royal Dutch Shell se trouvait Sir Bazil Zaharoff, l'ancien président de Vickers Arms Company, la société britannique de fabrication d'armes qui a gagné des milliards en fournissant des munitions pour la révolution bolchevique, la Première et la Seconde Guerre mondiale. La famille de Sir Peter Vickers Hall, (contrôleur en coulisses de la Heritage Foundation à Washington D.C.) était l'héritière de cette vaste fortune. Les personnalités qui contrôlent la section américaine du COR sont les suivants :

> Jean Kirkpatrick,
> Eugène Rostow,
> Irwin Suall,
> Michael Novack,
> Lane Kirkland,
> Albert Chaitkin,
> Jeremy Rifkin,

➢   Douglas Frazier,
➢   Marcus Raskin,
➢   William Kunsler.

Ces dignes représentants n'ont pas besoin d'être présentés. Ce sont des leaders socialistes de grande importance dans la guerre pour la socialisation des États-Unis. Les coopérateurs dans la lutte pour renverser la forme républicaine de gouvernement dont jouissent les États-Unis sont les suivants :

➢   Gar Apelrovich,
➢   Ben Watenburg,
➢   Irving Bluestone,
➢   Nat Weinberg,
➢   Sol Chaikan,
➢   Jay Lovestone,
➢   Mary Fine,
➢   Jacob Shankman,
➢   Ron Dellums,
➢   George McGovern,
➢   Richard Bonnett,
➢   Barry Commoner,
➢   Noam Chomsky,
➢   Robert Moss,
➢   David McReynolds,
➢   Frederik von Hayek,
➢   Sidney Hook,
➢   Seymour Martin Lipsit,
➢   Ralph Widner.

Les personnes susmentionnées étaient affiliées à diverses organisations socialistes telles que le Département des Affaires Internationales de l'AFL-CIO, l'Institut d'Études Contemporaines de Cambridge, l'Institut d'Études

Politiques, le Syndicat des Travailleurs de l'Automobile et le Syndicat International des Travailleurs de l'habillement pour Dames, qui entretient des liens étroits avec le socialisme fabien.

Von Hayek est très apprécié des conservateurs, qui en font leur économiste de prédilection. Les sénateurs George McGovern et Ron Dellums ont tous deux siégé au Congrès des États-Unis.

Certaines des publications socialistes publiées par les personnes mentionnées ci-dessus sont :

> *The New Republic* - Richard Stuart et Morton Condrake

> *The Nation* - Nat Hentoff, Marcus Raskin, Norman Benorn, Richard Faulk, Andrew Kopkind

> *Dissent* - Irving Hall, Michael Harrington *Commentary* — Carl Girshman

> *The Working Paper for a New Society* - Marcus Raskin. Noam Chomsky, Gar Apelrovich, Andrew Kopkind, James Ridgway.

> *Enquiry* -- Nat Hentoff

> *WIN* - Noam Chomsky

Avec autant de niveaux dans ses rangs serrés, il pourrait être utile de considérer le Club de Rome comme un gigantesque groupe de réflexion socialiste. La façon dont le COR a été créé est très intéressante.

Lorsque le Club de Rome a eu besoin de coordonner certains des aspects de son programme pour le Nouvel Ordre Mondial, il a envoyé Aurellio Peccei en Angleterre pour une formation au Tavistock Institute of Human Relations,[4] la mère de toutes les institutions de lavage de cerveau dans le monde.

À l'époque, Peccei était le plus haut dirigeant de la Fiat Motor Company, un multi-conglomérat géant du Comité des 300 par l'intermédiaire de ses membres de la noblesse noire, l'aristocratique famille Agnelli, la même famille qui a rejeté Pamela Harriman comme épouse de l'un des fils Agnelli.

Pamela a ensuite épousé Averell Harriman, un homme d'État de 300 ans et spécialiste de la politique étrangère des États-Unis, un véritable "initié".

---

[4] Cf, *L'Institut Tavistock des relations humaines*, Omnia Veritas Ltd, www.omnia-veritas.com.

CHAPITRE 8

L'OTAN ET LE CLUB DE ROME

Tavistock était placé sous la direction et le contrôle du major général John Rawlings Reese, qui bénéficiait de l'aide de Lord Bertrand Russell, des frères Huxley, de Kurt Lewin et d'Eric Trist comme nouveaux spécialistes de la science.

Les abonnés réguliers de *World In Review* savent que toutes sortes de maux : ténèbres, chaos et confusion ont envahi les États-Unis avec l'arrivée des missionnaires de Tavistock. Aldous Huxley et Bertrand Russell, qui étaient des membres éminents du culte d'Isis-Osiris.

Après avoir été dépouillé des quelques qualités humaines qu'il possédait au départ, Tavistock a certifié que Peccei était "qualifié" et l'a envoyé au siège de l'Organisation du traité de l'Atlantique Nord (OTAN).

Cette organisation du Comité des 300 était structurée principalement comme un organe politique, et accessoirement — comme un groupe de pacte de défense militaire pour l'Europe contre les dangers présentés par l'URSS. À l'OTAN, Peccei a recruté des membres de haut niveau pour le suivre dans la formation du Club de Rome. D'autres dirigeants de l'OTAN et de divers partis politiques de gauche se sont joints au COR pour former le groupe

Bilderberg, la branche socialiste de recrutement et de formation du Comité des 300.

Quels étaient les buts et les objectifs du COR ? Ils suivaient essentiellement le Manifeste communiste de 1848, étaient de nature et d'origine socialistes et étaient motivés par les forces spirituelles obscures en jeu dans le gnosticisme, la magie noire chaldéenne, le rosicrucianisme, les cultes d'Isis-Osiris et de Dionysos, le démonisme, la théocratie occulte, le luciférianisme, la franc-maçonnerie, etc. Le renversement de la civilisation chrétienne occidentale était primordial pour l'activité du COR.

La destruction de la souveraineté nationale et du nationalisme de toutes les nations et, avec elle, la destruction de milliards d'êtres humains "excédentaires" figuraient également en bonne place dans le programme du COR. Peccei pensait que les États-nations, la liberté individuelle, la religion et la liberté d'expression devaient être réduits en poussière sous la botte du Nouvel Ordre Mondial — le Gouvernement Mondial Unique, par le biais du COR qui a été créé pour le faire dans les plus brefs délais. Les groupes de réflexion du COR avaient pour tâche de rassembler, sous une seule et même organisation, les nombreuses organisations socialistes qui s'efforçaient déjà de mettre fin à la civilisation chrétienne occidentale.

Le Japon ne peut être laissé en dehors des plans du Comité des 300 (COR). Le Japon est également une nation industrielle, un peuple homogène hautement nationaliste, le type de société que détestent les dirigeants potentiels du Nouvel Ordre Mondial. Par conséquent, le Japon, bien que n'étant pas occidental ou chrétien, présentait un problème pour les planificateurs du COR.

En utilisant la Japan Society et la Suntory Foundation de David Rockefeller, le plan consistait à saper l'utilisation la plus réussie du système économique américain par le Japon — un héritage laissé par le général Douglas MacArthur — en utilisant des moyens indirects. "Moyens indirects" signifie endoctriner le Japon avec des idéaux socialistes, des "changements culturels" selon le plan, "l'ère du Verseau-Nouvelle ère". Les institutions et les traditions du Japon devaient être lentement mais sûrement minées de la manière et par la méthode adoptées contre les États-Unis.

Les fanatiques du COR qui ont fait la guerre à l'Amérique pour "changer son image publique" se sont déchaînés contre le Japon. Daniel Bell de Tavistock et Daniel Yankelovich, les "faiseurs d'image" américains numéro 1, ont été appelés pour détourner, au moins temporairement, et mener leur guerre contre la base industrielle du Japon. Ceux d'entre vous qui ont suivi mon travail depuis ses débuts en 1970 savent que l'interface entre les services secrets britanniques du MI6 et David Sarnoff de la Radio Corporation of America (RCA) a conduit à placer des agents britanniques à des postes clés au sein de la CIA et de la Division Cinq du FBI — sa branche de contre-espionnage. Yankelovich, de la société Yankelovich, Skelly and White, a été choisi par le MI6 pour mener une guerre incessante contre le peuple américain.

Yankelovich, un socialiste anti-chrétien qui avait été à l'avant-garde de l'attaque contre un peuple américain peu méfiant pendant deux décennies, a maintenant reçu l'ordre du COR de concentrer ses ressources sur les attaques contre l'industrie lourde au Japon, ce qu'ils appelaient "les cheminées qui crachent de la fumée". L'industrie légère devait être louée et félicitée.

L'espoir était que l'effondrement post-industriel à croissance zéro des États-Unis et les tactiques de Volcker en matière de resserrement du crédit pourraient être répétés contre le Japon. Dans une société post-industrielle, selon le COR, près de 50 millions d'Américains seraient privés de leur emploi et se retrouveraient définitivement sans travail, et plusieurs millions d'autres seraient sous-employés. Selon le COR, cela entraînerait un déclin social et moral, faisant de la nation une victime facile pour la prise de contrôle par le Nouvel Ordre Mondial — un gouvernement mondial. L'effondrement de la classe moyenne américaine aurait un effet profond sur les exportations japonaises vers les États-Unis.

Comme le peuple américain, qui n'a jamais été informé de la guerre qui fait rage contre lui depuis 1946, les planificateurs du COR espéraient prendre la nation japonaise au dépourvu. Peter Berger, de l'infâme Council on Foreign Relations (CFR) — le gouvernement parallèle de haut niveau des États-Unis sous l'égide du Comité des 300, et le soi-disant anthropologue Herbert Passon — l'homme qui a pris la place de la regrettée Margaret Mead, ont relevé avec bonheur leur nouveau défi. En conséquence, un flot de littérature "New Age" s'est abattu sur le marché japonais, prétendant montrer à quel point l'industrie japonaise avait éloigné le Japonais moyen des valeurs nationales et traditionnelles.

Des films réalisés pour la télévision sur des bandes de jeunes "Rock and Roll" ont été rendus populaires en prenant soin de ne pas révéler que cette aberration provenait de la même source qui nous a donné les Beatles, Mick Jagger, Keith Richard et toutes sortes de réprouvés décadents, dépravés et amoraux sont la création de l'Institut Tavistock sous l'égide du COR. Jagger et Richards ont souvent été honorés par la royauté européenne. L'image ainsi créée est que cette dégénérescence est la conséquence de l'industrialisation des États-Unis.

À moins qu'un effort concerté ne soit fait pour l'empêcher, le Japon est destiné à subir le même déclin moral, ou du moins une gravité égale à celle qu'ont connue les États-Unis à l'époque des "Beatles-Jagger-Rolling Stones", en gros des années 1960 aux années 1980. Incidemment, Jagger et Richards appartiennent au club occulte créé par le luciférien Alestair Crowley : l'ordre Isis-Osiris de l'Aube dorée. L'objectif principal d'Isis-Osiris est la destruction morale de la jeunesse de l'Occident par l'abus illimité de drogues, le "sexe libre", l'homosexualité et le lesbianisme.

La "musique" fournie par des dégénérés comme Jagger et d'autres leaders de groupes de rock, a donné le ton à l'abaissement des inhibitions, rendant la jeunesse des nations plus facile à induire dans ces pratiques maléfiques. Le problème auquel est confronté le COR est maintenant de faire face au retour de bâton qui ne manquera pas de se produire lorsque le chômage, comme au Japon, atteindra les niveaux américains. Il est peu probable que les Japonais se soumettent docilement et acceptent le chômage comme l'ont déjà fait leurs homologues américains.

Le Japon est un pays difficile à faire craquer, mais en alimentant son poison lentement, à doses mesurées, le COR espère obtenir une révolution au Japon, qui ne réveillera pas la population — en d'autres termes, le modèle américain doit être suivi dans l'attaque à venir contre le Japon. Aux États-Unis, la "Conspiration du Verseau" du Club de Rome a connu un succès éclatant. Une version résumée de l'article de Willis Harmon du COR sur le sujet est tout ce dont nous avons besoin pour comprendre ce qui se passe :

Les images et la conception fondamentale de la nature et des potentialités de l'homme peuvent avoir un pouvoir énorme pour façonner les valeurs et les actions dans une société. Ils (c'est-à-dire Harmon et le COR) ont tenté d'étudier cela en :

> Les méthodes des Illuminati.

> Explorer, en ce qui concerne les problèmes de la société contemporaine, les déficiences des images actuelles de l'humanité, et identifier les caractéristiques nécessaires des images futures.

> Identifier les activités de haut niveau qui pourraient faciliter l'émergence d'une *Nouvelle Image* (c'est nous qui soulignons) et de nouvelles approches politiques pour la résolution des problèmes clés de la société.

Nous utilisons l'image de l'homme ou de l'homme dans l'univers pour désigner l'ensemble des hypothèses retenues sur l'origine, la nature, les capacités et les caractéristiques de l'être humain, sa relation avec les autres et sa place dans l'univers. Une image cohérente peut être détenue par un individu, un groupe, un système politique, une église ou une civilisation. La plupart des sociétés ont une image de l'homme, qui définit sa nature sociale. Par exemple, une image de l'homme est donc une perception gestaltiste du genre humain, à la fois individuel et collectif, en relation avec soi-même, la société et le cosmos.

Il s'agit là d'une absurdité pure et simple, d'un tour de passe-passe occulte destiné à tromper les personnes non averties. Pour la plupart, les hypothèses sur la nature des êtres humains sont maintenues inconsciemment. Mais pour continuer avec la tentative de Harmon de nous laver le cerveau :

> *Ce n'est que lorsque ces hypothèses cachées sont reconnues et portées à la connaissance de tous qu'une image de l'homme est construite, l'image peut être soigneusement examinée en conservant la perspective et en la rejetant ou en la modifiant (c'est nous qui soulignons). Une image peut être appropriée à une phase du développement d'une société, mais une fois cette phase accomplie, l'utilisation de l'image, comme guide continu d'action, créera probablement plus de problèmes qu'elle n'en résoudra. La science, la technologie et l'économie ont permis des avancées vraiment significatives vers la réalisation d'objectifs humains fondamentaux tels que la sécurité physique, le confort matériel et une meilleure santé.*

> *Mais nombre de ces réussites ont entraîné le problème d'une réussite excessive. Des problèmes qui semblent eux-mêmes insolubles dans l'ensemble des prémisses de valeurs sociales qui ont conduit à leur émergence. Notre système technologique hautement développé a conduit à la vulnérabilité et à l'effondrement. L'impact interconnecté des problèmes de société qui ont émergé constitue désormais une menace sérieuse pour notre civilisation.*

En d'autres termes, nos idéaux occidentaux, la croyance en la famille, le caractère sacré du mariage, la croyance en son pays, la fierté nationale, la souveraineté nationale, la fierté de nos croyances religieuses, la fierté de la race, notre confiance en un Dieu omnipotent et nos croyances chrétiennes, sont tous obsolètes — selon Harmon du COR.

Pour l'illuministe et grand prêtre du COR, "avoir trop de succès" vient du fait qu'on a trop de succès en tant que nation industrialisée avec le plein emploi et un peuple bénéficiant d'un niveau de vie décent.

CHAPITRE 9

UN RETOUR À L'ÂGE SOMBRE

Harmon voulait dire que les Américains, grâce à une société basée sur l'industrie, jouissaient d'une trop grande liberté, ce qui a conduit à une situation où il y a tout simplement trop de gens, qui doivent donc être rassemblés et abattus, afin que le COR puisse freiner la croissance industrielle, et donc la croissance démographique. La vérité est que la civilisation occidentale chrétienne constitue une menace — non pas pour la civilisation — mais pour l'avenir de la théocratie occulte planifiée pour le monde par le Comité des 300.

Ce que Harmon préconise, c'est un retour à l'âge des ténèbres, un nouvel âge sombre, sous la dictature d'un gouvernement mondial unique.

Harmon, le grand prêtre du COR, a présenté un scénario qui est en contradiction directe avec la loi de Dieu, qui dit que nous devons être féconds, multiplier et soumettre la Terre, non pas pour le bénéfice du COR et du Comité des 300, mais pour la liberté de notre peuple aux États-Unis et des autres qui choisissent de respecter leurs identités nationales.

Les lucifériens servis par Harmon, les membres du Culte de Dionysos, les "Olympiens", disent : "Non, nous avons été placés ici pour gouverner la Terre et nous serons les seuls à profiter de ses bienfaits." Le grand prêtre Harmon conclut comme suit :

Nous devons changer rapidement l'image technologique industrielle de l'homme. Nos analyses de la nature des problèmes de la société contemporaine nous amènent à conclure que les images de beaucoup de gens qui ont dominé les deux derniers siècles seront inadéquates pour l'ère post-industrielle. L'image de l'homme appropriée à ce nouveau monde (qui n'est pas nouveau — le concept, un concept satanique, est vieux de quatre mille ans) *doit être recherchée, synthétisée et ensuite câblée dans le cerveau de l'humanité.*

L'image issue de la Renaissance italienne, l'homme économique, individualiste, matérialiste, en quête de connaissances objectives, est inappropriée et doit être écartée. L'État industriel, à ce stade, a un immense élan, mais pas de direction, une merveilleuse capacité d'y arriver, mais aucune idée de l'endroit où il va. D'une certaine manière, l'effondrement des anciennes images a été perçu comme conduisant davantage au désespoir qu'à la recherche d'une nouvelle image. Malgré le pessimisme qu'implique une image dominante à la traîne, de nombreux signes indiquent qu'une nouvelle image anticipatrice de l'humanité est peut-être en train d'émerger.

Ce que ce charabia signifie vraiment — ce que Harmon disait vraiment — c'est que les sociétés industrialisées, comme les États-Unis et le Japon, doivent être détruites, car la société industrialisée est devenue ingérable. Selon Harmon, la destruction de l'industrie entraînerait la destruction de toutes nos valeurs morales fondamentales, de nos croyances fondamentales en Dieu et en la patrie, de notre culture chrétienne, ce qui conduirait rapidement au retour au monde d'une **théocratie occulte** régnant sur un nouvel âge sombre, selon le grand prêtre Harmon :

> … *dix-neuf images de l'homme dominent diverses époques, et de chacune d'elles il extrait les caractéristiques qu'il juge utiles pour remplacer l'image technologique industrielle, les programmes que le COR et le Comité espèrent imiter et qui transformeront les peuples du monde — ceux qui resteront comme des esclaves sans cervelle après l'abattage de Global 2000, en un nouvel âge sombre — le soi-disant Nouvel Ordre Mondial.*

Selon le plan Harmon, l'humanité doit être identifiée comme faisant partie du règne animal. Harmon affirme que l'élite dirigeante est ordonnée à l'image post-industrielle et que l'image de l'Ancien Testament selon laquelle l'homme domine toute la nature doit être abandonnée, car elle est dangereuse.

L'image zoroastrienne est plutôt privilégiée. Le système de yoga de l'Inde et de l'Asie est préférable au christianisme — selon Harmon, car il apportera la nécessaire "réalisation de soi". Cet euphémisme est simplement un artifice utilisé par Harmon pour indiquer que le christianisme doit être remplacé par des croyances occultes telles que celles pratiquées par les membres d'Isis-Osiris et du Culte de Dionysos. L'image chrétienne de l'homme doit être remplacée, ceci selon le grand prêtre Harmon. L'homme doit cesser de penser qu'il a besoin de Dieu. Il est grand temps pour l'homme de croire qu'il est maître de son destin et qu'il peut se débrouiller seul.

Ce qui fait défaut à nos églises chrétiennes aujourd'hui, c'est la connaissance et la compréhension de l'occulte et des sociétés secrètes qui se trouvent partout. Nos enseignants et lecteurs chrétiens doivent se familiariser avec le domaine des théocraties religieuses et savoir où elles conduisent l'Église du Christ.

Plutôt que de se débarrasser de la beauté et de la pureté de la Renaissance, nous devons nous y accrocher d'autant plus et protéger son patrimoine inestimable. Voici un aperçu de certaines des mesures préconisées par Harmon, afin de faire fonctionner les plans du COR pour un Nouvel Ordre Mondial :

> ➢ Participation des jeunes aux processus politiques.
> ➢ Les mouvements de libération des femmes.
> ➢ La conscience noire.
> ➢ La rébellion des jeunes contre les "maux" de la société.
> ➢ Un intérêt accru pour la responsabilité sociale des entreprises.
> ➢ Le fossé des générations.
> ➢ Préjugé induit contre l'industrie et la technologie chez les jeunes.
> ➢ Expérimenter de nouvelles structures familiales (c'est-à-dire les familles monoparentales, les "couples" homosexuels et les "ménages" lesbiens).
> ➢ Des groupes écologistes conservateurs doivent être formés.
> ➢ L'intérêt pour les religions orientales doit être appliqué avec diligence dans les écoles et les universités.

Ces points du Manifeste de Harmon peuvent presque être superposés au Manifeste communiste de 1848. Il existe des différences mineures dans le style plutôt que dans le fond, mais le principe de base selon lequel le monde doit devenir un État socialiste qui progressera vers le communisme est un fil conducteur que l'on retrouve dans les deux documents. Le thème sous-jacent et caché est le même que celui enseigné par les communistes-bolcheviks : "Mettez-vous sur notre chemin à vos risques et périls. Les tactiques de terreur sont nos tactiques, et nous les utiliserons sans crainte ni faveur. Nous vous éliminerons si vous vous opposez à nous". Comme je l'ai dit précédemment, l'idéal du Nouvel Âge tel qu'il est présenté par Harmon est vieux de milliers d'années. Les druides brûlaient des personnes dans des paniers en osier en guise de sacrifice à leurs dieux et leurs prêtresses laissaient couler le sang de leurs victimes dans des seaux.

La Révolution française a coûté la vie à des centaines de milliers de victimes innocentes, tout comme la Révolution bolchevique. Les communistes étaient fiers de la façon dont ils ont torturé et assassiné des millions de chrétiens. Qu'est-ce qui nous fait penser que le COR, une théocratie occulte, ne fera pas de même lorsqu'il en aura l'occasion ? C'est à ces personnes meurtrières et spirituellement mortes que nous avons affaire, celles que le Christ décrit comme les dirigeants des ténèbres, les méchants en haut lieu, et il est grand temps que chacun d'entre nous, qu'il soit japonais ou américain, se réveille face aux dangers qui menacent la civilisation.

Lorsque cette attaque contre Dieu et l'humanité a été enregistrée par Harmon en 1974, les quatorze principes derrière Harmon ont pris soin de ne révéler aucune implication directe des diverses institutions qu'ils avaient l'intention d'utiliser pour fabriquer, mettre en place et mettre en avant comme un bélier de la contre-culture. Ivre de pouvoir et anticipant un public américain docile qui ne réagirait pas, Harmon décida d'utiliser Marilyn Ferguson comme façade, pour faire sortir le chat du sac.

Harmon a choisi Marilyn Ferguson, une femme sans talent totalement inconnue qui a atteint la célébrité en tant qu'auteur présumé de "The Aquarian Conspiracy", une traduction d'un livre de fiction, mais Harmon n'a pas dit au public que Ferguson et tous les participants n'étaient que des mercenaires entretenus par le COR, et que c'est le COR qui a donné vie à la *Aquarian Conspiracy*.[5]

Cette nouvelle version d'une conspiration séculaire a vu le jour en 1960 et a continué à se développer comme un cancer sur le corps politique tout au long de 1968, diffusant le message post-industriel d'une contre-culture basée sur des sociétés secrètes occultes, dont les noms sont légion.

Les fondateurs ont déjà été nommés. Ses organes officiels étaient l'Institut Tavistock, l'Institut des Relations Sociales et le Centre de recherche de Stanford, où la psychiatrie sociale appliquée a joué un rôle central dans la formation et l'orientation de l'OTAN en vue de l'adoption de la stratégie à long terme du COR, que l'establishment a surnommé le mouvement Aquarian-New Age.

De nombreuses personnes m'ont écrit au cours de ma carrière, me demandant pourquoi je n'avais pas écrit sur le "Nouvel Ordre Mondial". Eh bien, j'ai écrit ces sujets et bien d'autres depuis 1969. Le problème est que les gens n'écoutaient pas quelqu'un d'aussi inconnu que moi, à l'époque. Mais lorsqu'une cinglée comme Marilyn Ferguson, soutenue par le pouvoir de la Fondation Rockefeller, est arrivée avec exactement la même chose que ce dont j'avais averti, ils ont demandé : "Où étiez-vous ;

---

[5] "La Conspiration du Verseau", Ndt.

pourquoi ne nous avez-vous pas dit cela ?"

La vérité est que j'ai attiré l'attention des abonnés à mon travail, au Nouvel Âge du Verseau, au Club de Rome et au Comité des 300, bien avant que ces noms n'atteignent l'attention des autres — quinze ans auparavant, pour être précis.

Rétrospectivement, mes rapports avaient des années d'avance, bien avant que ces choses ne soient connues des autres écrivains de droite en Amérique.

L'un des premiers assauts contre les États-Unis a commencé avec la crise des missiles de Cuba, lorsque John F. Kennedy a rejeté les conseils du Tavistock Institute, du CFR, du Rand Institute et de Stanford. Cela a fait de Kennedy un homme ciblé pour l'élimination. Son assassinat, encore voilé par une multitude de rapports contradictoires, est une insulte majeure au peuple américain. J'ai raconté ce que je sais des auteurs de ce crime des plus odieux dans mon livre "Le Comité des 300",[6] révisé, mis à jour et publié en janvier 2007.

Kennedy a adopté une stratégie de défense à "réponse souple", qui n'était pas fondée sur la guerre psychologique menée par l'aile politique de l'OTAN par l'intermédiaire des planificateurs de la défense civile. Mais Kennedy a choisi de réduire la défense civile et a préféré mettre en place un nouveau programme spatial massif pour la mise à niveau technologique de l'industrie américaine. En agissant

---

[6] *La hiérarchie des conspirateurs, histoire du Comité des 300*, Omnia Veritas Ltd. www.omnia-veritas.com.

ainsi, Kennedy a signé son arrêt de mort. Observez la puissance des forces de la théocratie du Nouvel Ordre Mondial. Elles n'ont pas hésité à assassiner le président des États-Unis en novembre 1963.

Au début de 1963, un certain bureau d'assassinat, dont je n'ai pas le droit de révéler le nom, a signé un contrat avec l'Institut Tavistock des Relations Humaines. Notez l'utilisation abusive des mots "relations humaines". Le contrat a été confié à plusieurs filiales américaines de Tavistock, notamment Stanford Research, l'Institute of Social Relations et la Rand Corporation.

Tavistock a ensuite rendu publics les résultats des "études scientifiques" menées par ces groupes de réflexion, puis a transmis ces informations à l'aile politique de l'OTAN.

Ceux d'entre vous qui placent leurs espoirs dans l'OTAN feraient mieux de se rendre compte de ce qui se passe. L'OTAN est une créature du Club de Rome qui obéit à ce corps de serviteurs organisés qu'est le Comité des 300.

CHAPITRE 10

LES SOCIÉTÉS SECRÈTES RÈGNENT DANS LES COULISSES

À la suite de cette évolution, en 1966, le Dr Anatol Rappaport, rédacteur en chef du *Human Relations Magazine* de Tavistock , a signalé que le programme spatial de la NASA était redondant et que les États-Unis s'affairaient dans des programmes spatiaux alors qu'ils auraient dû consacrer cet argent à des études sur la "qualité humaine".

On s'attendait à ce que le rapport du *Human Relations Magazine* retourne l'opinion publique américaine contre les programmes spatiaux. Après l'assassinat de Kennedy, il a semblé pendant un certain temps que notre programme spatial serait abandonné, puis vint la victoire électorale éclatante de Ronald Reagan en novembre, qui a conduit à la réunion sans précédent des cadres supérieurs du COR à Washington en novembre 1980.

Comme je l'ai souvent indiqué dans mes conférences et mes écrits depuis 1969, le monde est dirigé par des personnes très différentes de celles que nous voyons de face, une observation rendue célèbre pour la première fois par Lord Beaconsfield (Disraeli). De temps à autre, nous sommes amplement avertis de la véracité de cette observation, mais de manière voilée. Il semble que les prétendus dirigeants du gouvernement mondial unique soient parfois incapables de se contenir lorsqu'ils remportent une grande victoire.

Un exemple de ce que je veux dire a été fourni par le colonel Mandel House, le contrôleur des présidents Wilson et Roosevelt. House a écrit un livre, *Phillip Drew : Administrator*, censé être une fiction, mais en réalité un compte rendu détaillé de la façon dont le gouvernement secret des États-Unis devait être vendu comme esclave dans un Gouvernement mondial unique — le Nouvel Ordre mondial.

Disraeli, le légendaire Premier ministre britannique et grand parlementaire protégé des Rothschild, a fait un compte rendu des travaux du gouvernement secret de la Grande-Bretagne intitulé *Coningsby,* qui indiquait que les groupes secrets contrôlant les gouvernements britannique et américain avaient l'intention de diriger le monde. Les sociétés secrètes ont été et restent l'ennemi juré du monde libre. Tant que des sociétés secrètes aussi diverses et nombreuses fleurissent parmi nous, nous ne sommes pas des hommes libres. Le fait de brandir des drapeaux et de battre le tambour du patriotisme les 4 juillet ne changera rien à cette dure vérité.

Les sociétés secrètes ont des dirigeants qui orientent le monde depuis les coulisses. Si nous voulons comprendre les événements actuels dans les domaines de la politique et de l'économie, nous devons avoir une bonne connaissance des sociétés secrètes.

Le Club de Rome (COR) n'est qu'une extension, une alliance permanente d'anciennes familles de la noblesse noire d'Europe, dominées par des croyances et des pratiques occultes remontant à des milliers d'années. Les anciens rites de Mizraïm d'Égypte (avant l'arrivée des fils de Noé), de Syrie, de Babylone et de Perse ont été transportés en Europe par les oligarques vénitiens et britanniques.

Les Bogomiles, les Cathares — voilà le genre de "croyances religieuses" qui ont entraîné dans leur sillage une attaque contre les vues chrétiennes et les principes occidentaux. L'amour de l'intrigue de l'Orient a été transplanté en Occident, avec des résultats d'une telle portée qu'ils dépassent souvent notre imagination.

Les dégâts causés par ces sociétés secrètes sont impressionnants. Par exemple, nous savons que la guerre de Crimée a été déclenchée sur un coup de tête de la franc-maçonnerie, et que la Première et la Seconde Guerres mondiales ont suivi le même chemin. Nous ne pourrons jamais savoir à quel point les forces obscures et secrètes des sociétés secrètes parmi nous influencent les événements actuels.

La guerre des Boers, probablement la guerre la plus importante du 20ème siècle, parce qu'elle a opposé des sociétés secrètes et leurs religions mystérieuses à une nation chrétienne éprise de liberté et de patriotisme, des agresseurs dont l'intention était de voler aux Boers leur or récemment découvert. L'un des hommes les plus puissants de la politique britannique durant cette période inconvenante de l'histoire de la Grande-Bretagne était Lord Palmerston, qui appartenait à de nombreuses sociétés secrètes et dont la direction du Parlement était influencée par la franc-maçonnerie. Palmerston lui-même a admis que c'était vrai.

Il nous incombe donc, à nous, le peuple, de nous réveiller au fait que nous sommes en conflit avec des hommes spirituellement méchants et haut placés. Nous ne sommes pas contre de simples entités physiques. Les forces invisibles sont plus fortes que les forces visibles. Ces forces contrôlent les États-Unis et nous le voyons dans le fait que plus de 75% des membres démocrates de la Chambre et du Sénat sont des socialistes purs et durs.

Harlan Cleveland

Le membre le plus connu de l'USACOR est peut-être Harlan Cleveland, ancien ambassadeur des États-Unis auprès de l'OTAN dans les années 1960 et ancien vice-président du Conseil atlantique, la principale présence de l'OTAN aux États-Unis.

Cleveland dirigeait le bureau de Princeton, dans le New Jersey, de l'Aspen Institute for Humanistic Studies, la succursale américaine du Tavistock Institute of Human Relations. Aspen est censé être un "groupe de réflexion" consacré aux questions environnementales, mais ce n'est qu'une feuille de vigne, un écran de fumée pour couvrir ses véritables activités — faire la guerre à l'industrie et à l'agriculture américaines.

William Watts

Un membre de l'Atlantic Council et un directeur de Tomack Associates, la façade pour la diffusion de *Limits of Growth* de COR, une étude de 1972-1973 censée montrer comment l'industrie et le "développement agricole excessif" ruinent l'écologie. Watts est chargé de diffuser la version déguisée d'Aspen de la vieille théorie de la croissance zéro de

Thomas Malthus, qui trouve en fait son origine dans le culte antique de Dionysos.

George McGee

M. McGee, membre du Conseil de l'Atlantique, est un ancien sous-secrétaire d'État chargé de la section des affaires politiques de l'OTAN et un ancien ambassadeur des États-Unis en Turquie. Il a ensuite occupé le poste d'ambassadeur des États-Unis à Bonn, en Allemagne.

Claiborne K. Pell

M. Pell était le sénateur américain de Rhode Island et un ancien représentant parlementaire américain au Conseil atlantique. Pell est un fervent défenseur de la politique du COR selon laquelle les forces de l'OTAN devraient superviser l'application des normes environnementales dans le monde. Pell soutient fermement la désindustrialisation de tous les pays, y compris les États-Unis. Il a souvent exprimé sa sympathie pour la théorie de Russell sur l'abattage de la "population excédentaire". Pell a participé avec Cyrus Vance à la rédaction des termes du rapport Global 2000. Pell coopère avec Cyrus Vance et le secrétaire général de l'OTAN Joseph Lunz, et assiste souvent aux réunions de Bilderberg.

Donald Lesh

Ancien employé de Tomack Associates, Lesh est directeur exécutif d'USACOR. Il a également travaillé à un moment donné pour la National Security Agency (NSA) et a aidé Kissinger à mettre en place l'appareil européen de la NSA. Dans ce cadre, il a travaillé avec Helmut Sonenfelt, qui est lié à Kissinger comme un jumeau siamois depuis la découverte des fichiers Bamberg. William Highland, présenté comme un spécialiste de l'Union soviétique, a également travaillé pour le bureau européen de la NSA.

Sol Linowitz

Plus connu pour avoir rédigé le traité frauduleux et anticonstitutionnel du canal de Panama, Linowitz est devenu un confident de Carter, et il jouit d'une grande notoriété au sein du Comité des 300, de la Rank Xerox Corporation et est membre du Comité des 300.

J. Walter Lew (Levy)

M. Levy est l'analyste pétrolier attitré du Council on Foreign Relations (CFR) de New York, directeur de l'Atlantic Council et membre du groupe Bilderberg. Levy a élaboré le programme de la Commission Brandt, composée de responsables politiques internationaux socialistes. Si Brandt est presque toujours en état d'ébriété, il n'en est pas moins l'un des socialistes les plus dangereux de la scène contemporaine.

Joseph Slater

M. Slater est directeur de l'Aspen Institute, le siège socialiste du Comité des 300 aux États-Unis. Il était auparavant ambassadeur des États-Unis à l'OTAN. Ce sont quelques-uns des principaux acteurs d'un nid de séditieux qui se trouvent aux États-Unis. Leur principale fonction est d'accélérer le plan de croissance zéro post-industriel élaboré par le COR et de transformer les anciennes villes industrielles du nord-est en entités de travail esclave sous le titre de "zones d'entreprise". Une des cibles est le programme SDI du président Reagan, qui mettrait définitivement fin à la stratégie folle de Kissinger et Robert McNamara. L'OTAN est déployée pour rassembler tous les aspects du programme anti-américain.

CHAPITRE 11

LA NASA ET LE CLUB DE ROME

U n exemple de cela est la participation des États-Unis à la guerre des Malouines (les îles Falklands), lorsque les États-Unis ont fourni des installations de soutien qui ont permis aux forces britanniques de vaincre l'Argentine, qui a dû être mise à terre, en raison de son excellent programme d'exportation de centrales nucléaires.

L'une des principales réalisations du Club de Rome américain à ce jour a été de retirer le programme spatial aux militaires pour le confier à la NASA, un organisme civil. L'ancien président Eisenhower a été plus qu'heureux de se conformer aux instructions qu'il a reçues de Londres pour mettre en œuvre ce changement.

Mais la manœuvre peut s'être retournée contre elle. En mai 1967, une étude de profilage de la NASA entreprise par l'Institut Tavistock des Relations Humaines a révélé que la NASA était devenue un important employeur de personnel industriel et scientifique, soit l'exact opposé des plans de désindustrialisation de COR. Le rapport de Tavistock a déclenché des sonneries d'alarme dans les bureaux des séditieux et des traîtres, du Colorado à Washington en passant par New York.

Leur réponse a été la création d'un "comité restreint" sous

la direction de Robert Strauss Haptfz, ambassadeur des États-Unis auprès de l'OTAN. La tâche du comité était d'instituer immédiatement des mesures de contrôle des dommages, dont on espérait qu'elles paralyseraient la NASA. Une réunion a été convoquée pour discuter de ce qui a été appelé "le déséquilibre technologique transatlantique et la collaboration". La réunion s'est tenue à Deauville, en France, en présence d'Aurellio Peccei et de Zbignew Brzezinski.

Ce rassemblement de séditieux et d'ennemis du peuple des États-Unis a été commodément passé sous silence par les médias, ceux-là mêmes qui, plus tard, s'efforceront — et réussiront — à chasser le président Nixon de la Maison-Blanche.

C'est lors de cette réunion que Brzezinski s'est inspiré de son livre, *Between Two Ages: The Technotronic Era*, que j'ai longuement cité dans mon livre, *The Committee of 300*.

Dans ce livre, Brzezinski expose l'idéal d'un Nouvel Ordre Mondial Socialiste, basé sur des concepts orwelliens ; un monde dirigé par une élite intellectuelle et une super-culture basée sur un réseau de communications électroniques, dans un concept de régionalisme avec une souveraineté nationale symbolique.

La conférence de Deauville conclut qu'il doit y avoir une convergence d'idéaux entre les États-Unis et l'URSS (une idée totalement rejetée par Staline qui était une véritable épine dans le pied du Comité des 300).

Cette "convergence" donnerait naissance à un gouvernement mondial unique chargé de gérer les affaires mondiales sur la base d'une véritable gestion des crises et d'une planification mondiale. On se souviendra que cette suggestion de Rockefeller a été méprisée par Staline et que c'est son refus de rejoindre le Nouvel Ordre Mondial qui a conduit à la guerre de Corée.

Même l'histoire de la Seconde Guerre mondiale, tordue, censurée et truffée d'inexactitudes, écrite par des écrivains payés par Rockefeller, montre que les États-Unis n'ont jamais combattu le communisme. Comment le pourraient-ils, alors que l'élite de l'ère Wilson et les banquiers de Wall Street sont ceux-là mêmes qui ont placé Lénine et Trotsky au pouvoir en collusion avec Lord Alfred Milner et les banquiers de la City de Londres ?

La Seconde Guerre mondiale était une situation artificielle. Hitler a été piégé par les banquiers de Wall Street et de la City de Londres, apparemment dans le but d'encercler Staline et de le mettre au pas, après qu'il eut commencé à rejeter les ouvertures visant à établir une "domination mondiale commune".

Staline ne faisait pas confiance à ce qu'il appelait "les cosmopolites de Washington". Hitler a été détruit parce qu'il s'est retourné contre ses contrôleurs, qui ont ensuite, à leur manière dialectique, soutenu Staline jusqu'au bout dans ce qu'ils percevaient comme le moindre danger des deux. Incapables de contrôler Hitler, les banquiers internationaux ont dû le détruire.

Le résultat net de la Seconde Guerre mondiale a été l'émergence d'un système communiste plus fort et plus redoutable, capable d'étendre ses tentacules sur le globe. L'Union soviétique est passée d'une puissance régionale à une puissance mondiale.

La Seconde Guerre mondiale a coûté des millions de vies et des milliards de dollars, et tout cela à cause d'une mauvaise utilisation choquante des ressources par des hommes ayant des plans grandioses pour diriger le monde, et je ne parle pas d'Hitler et de Staline. Je parle du CFR, du RIIA, du Club de Rome et du Comité des 300. Si quelqu'un peut me donner une liste des prétendus avantages de la Seconde Guerre mondiale ou expliquer les "libertés" qu'elle a apportées aux peuples d'Amérique ou d'Europe, j'aimerais l'entendre.

Pour autant que je puisse voir, le monde est mille fois pire aujourd'hui qu'en 1939. Le socialisme s'est emparé des États-Unis à la suite de la Seconde Guerre mondiale. Nos industries ont été détruites ; des millions de travailleurs ont perdu leur emploi. Nous ne pouvons pas blâmer Hitler (ou Staline) pour cet état de choses artificiel. Peccei l'a mis en perspective quand il a dit :

> *… Depuis que l'on s'est approché du millénaire dans la chrétienté, des masses de gens sont vraiment en suspens à propos d'événements imminents de choses inconnues qui pourraient changer entièrement leur destin collectif. L'homme ne sait pas comment être un homme vraiment moderne.*

Ce que Peccei nous disait, c'est que les occultistes, les ésotéristes, les New Agers — ils savent ce qui est bon pour nous, et que nous ferions mieux de nous conformer aux dictats du Nouvel Ordre Mondial ou d'être détruits.

Nous devons apprendre à vivre et à nous comporter dans le cadre du modèle des *limites de la croissance* du COR, qui inclut une limite sur les religions que nous pouvons suivre. Nous devons apprendre à vivre dans le cadre des contraintes imposées à notre économie par le COR et ne pas nous rebeller contre le nouvel ordre monétaire.

Nous devons également accepter l'idée que nous sommes

remplaçables. Peccei dit que "l'homme a inventé l'histoire du méchant dragon, mais s'il y a jamais eu un méchant dragon sur terre, c'est l'homme lui-même".

Peccei donne alors tout le plan de jeu :

> *Depuis que l'homme a ouvert la boîte de Pandore des nouvelles technologies, il a souffert d'une prolifération humaine incontrôlable, de la manie de la croissance, de la crise énergétique, des pénuries potentielles réelles, de la dégradation de l'environnement, de la folie nucléaire et d'innombrables autres afflictions.*

CHAPITRE 12

LE DÉSORDRE DES SYSTÈMES MONÉTAIRES

Dans ces quelques mots, on trouve l'ensemble des plans pour l'humanité tracés par le COR pour le Comité des 300.

Cela répond en un mot à la question la plus souvent posée : *"Pourquoi voudraient-ils faire ces choses ?"* Nous avons ici un ésotériste du pire degré qui dit au peuple que le COR parlant au nom de ses maîtres du Comité des 300 sait ce qui est le mieux pour le monde entier.

Ce n'est pas longtemps après son discours que Peccei a adopté le modèle "World Dynamics", construit pour le Comité des 300 par Jay Forrester et Dennis Meadows, qui est un modèle de planification mondiale censé démontrer la non-durabilité des systèmes complexes pour montrer que des structures à plus petite échelle devraient prédominer dans l'économie mondiale. À cette fin, bien sûr, le rapport Meadows-Forrester a fondé ses idées exclusivement sur les études économiques négatives et restrictives réalisées par Malthus et Adam Smith, l'économiste britannique des Indes orientales, qui a formulé la politique de "libre-échange" de la Grande-Bretagne.

L'économie mythique de Forrester Meadows ignore

l'ingéniosité de l'homme, qui trouvera une réserve inépuisable de nouveaux minéraux ou de nouvelles ressources dont nous n'avons pas encore connaissance. En fait, ce qui épuise nos ressources, c'est le papier-monnaie, si l'on peut appeler "monnaie" tout ce qui est papier.

Le système monétaire des États-Unis est un gigantesque gâchis dû à l'ingérence des membres de la hiérarchie oligarchique, dont l'intention est de faire de nous tous des esclaves.

Seul le papier-monnaie non-garanti nuit aux ressources naturelles de la planète, et par non-garanti, je veux dire que les dollars américains ne sont pas garantis par de l'argent et de l'or comme le prévoit la Constitution des États-Unis d'Amérique. En fait, il n'y a pas d'argent légal aux États-Unis en ce moment, et il n'y en a jamais eu depuis l'avènement de la loi sur la Réserve fédérale.

Il n'est pas étonnant que nous soyons dans un tel gâchis financier, alors qu'un consortium privé (la Federal Reserve Bank) a été autorisé à prendre en charge notre argent et à l'utiliser comme bon lui semble, sans que les personnes à qui il appartient aient le moindre contrôle sur lui.

Une économie basée sur l'or et l'argent permettra de renouveler et de recycler les ressources naturelles. Une société basée sur la fission nucléaire ouvrirait de nouvelles fenêtres d'opportunité. Pourtant, Meadows et Forrester ont ignoré la magie de la torche à fusion. Il est facile d'expliquer comment le COR a pu ignorer les nouvelles technologies. Tout simplement parce qu'il n'en voulait pas.

Les nouvelles technologies signifient de nouveaux emplois

et un peuple plus prospère. Une population plus prospère signifie une augmentation de la population de l'Amérique du Nord, ce qui, selon les porte-parole de COR, est indésirable et constitue une menace pour la vie sur Terre !

La vérité est que nous n'avons même pas commencé à exploiter les ressources naturelles de la terre. L'ensemble du concept du Nouvel Âge des ténèbres et du Nouvel Ordre Mondial, de Russell à Peccei, en passant par Meadows et Forrester, est fatalement défectueux et conçu pour retarder la croissance industrielle, l'emploi et, finalement, l'élimination de la population mondiale.

(NOTE : La Conférence des Nations Unies sur le contrôle de la population, qui s'est tenue au Caire en août 1994, n'était qu'une extension du plan Global 2000 visant à tuer 2,5 milliards de personnes d'ici 2010).

En ce qui concerne l'énergie nucléaire, M. Peccei a déclaré :

> Je suis plus pessimiste et plus radical que mes amis dans mon jugement sur la solution nucléaire. Je ne suis pas en mesure de juger ou même de deviner si l'on peut la rendre propre, sûre et fiable pour la société humaine, comme l'affirment de nombreux scientifiques et la quasi-totalité de la classe politique et de l'industrie.
>
> Je suis cependant prêt à soutenir que ce qui n'est pas suffisamment fiable, sûr et propre, c'est la société humaine elle-même. J'ai consacré de nombreuses pages à décrire son état de désordre, son incapacité à se gouverner, à agir de manière rationnelle et humaine et à apaiser les tensions qui la déchirent, et je ne peux donc pas croire que, dans son état actuel, elle puisse sortir du nucléaire.

C'est presque une copie conforme de ce que les groupes écologistes disent de l'énergie nucléaire, qui se trouve être la source d'énergie la moins chère, la plus propre et la plus sûre au monde.

C'est aussi un véhicule qui permettrait de créer des millions de nouveaux emplois stables, à long terme et stables.

> *Je ne peux pas imaginer que cette même société sera en mesure, d'ici quelques décennies, d'accueillir et de protéger en toute sécurité plusieurs milliers d'énormes centrales nucléaires et de transporter à travers la planète et de traiter ne serait-ce qu'un quart du plutonium 239 mortel, soit dix mille fois plus que ce qu'il faudrait pour tuer tous ceux qui vivent aujourd'hui.*

> *Que l'humanité se lance dans le nucléaire sans être d'abord préparée dans tout son système humain à son comportement imprudent et irresponsable, telle est la question ; les vrais problèmes ne sont pas techniques ou économiques, mais politiques, sociaux et culturels.*

> *Ceux qui sont aujourd'hui enivrés par de petites doses de la drogue dure nucléaire, comme je l'ai appelée, et qui poussent un programme pour la disséminer dans le corps de la société, condamnent en fait leurs successeurs à vivre entièrement par elle demain.*

Et pourquoi pas ? L'énergie nucléaire est la plus grande découverte que le monde ait jamais connue. Elle va nous libérer. C'est pourquoi les ennemis de l'humanité, le Club de Rome, se battent sur tous les fronts pour dévaloriser l'énergie nucléaire et faire croire qu'elle représente un terrible danger pour nous. L'énergie nucléaire est sûre. Jusqu'à présent, personne n'a été tué par une énergie générée par le nucléaire alors qu'il travaillait dans une telle centrale.

Elle nous donnera une grande liberté, elle revitalisera nos capacités industrielles — elle leur donnera un nouveau souffle — et elle nous donnera une plus grande liberté en tant qu'individu, car des millions d'entre nous auront des emplois à long terme et bien payés. Une plus grande liberté est un anathème pour le Club de Rome. Le Club de Rome veut moins de liberté individuelle, et non davantage. Voilà l'essentiel de la question de l'énergie nucléaire.

Peccei a poursuivi en rejetant la fission nucléaire en une phrase et il a dit :

> Sa faisabilité reste à démontrer, mais aucun plan d'avenir ne peut actuellement s'appuyer de manière fiable sur elle. Il est peu probable que l'énergie devienne abondante, peu coûteuse et sans inconvénient pour l'environnement et la société.

> Si une énergie abondante, bon marché et propre était disponible, les perspectives de solutions d'intensification technologique pour les aliments et les matériaux seraient très bonnes.

Il s'est arrêté là, mais voici le hic : le Club de Rome ne souhaite pas que nous intensifiions nos capacités technologiques, que nous produisions davantage de nourriture et que nous améliorions notre niveau de vie.

Il a conçu un programme appelé Global 2000, qui appelle à la mort de 2 milliards de personnes d'ici 2010, bien que le chiffre final que j'ai vu dans le rapport indique que le Club de Rome sera satisfait si 400 millions de personnes sont rayées de la surface de la Terre d'ici 2010.

Peccei a clairement indiqué que les nouvelles découvertes scientifiques et les nouvelles technologies en tant que moyen d'accroître le progrès matériel ne sont pas souhaitées par le Club de Rome, qui prétend être le seul arbitre de la planification mondiale dans le cadre de l'OTAN.

Ceci, bien sûr, après qu'ils aient pris et soumis une Russie rebelle. Et je le répète, ce que nous voyons dans le monde aujourd'hui est un désaccord entre l'Amérique et la Russie. Peccei a utilisé l'embargo pétrolier artificiellement créé lors de la guerre israélo-arabe de 1973 comme un avertissement. Il a déclaré que cela a amené "beaucoup de gens à s'aligner sur la pensée du Club de Rome".

Ce fut en effet un point de départ pour de nombreuses personnes qui ont rompu avec leurs anciennes façons de penser et ont pris les conseils du Club de Rome beaucoup plus au sérieux. J'ai déjà dit que ces personnes ne peuvent parfois pas garder leur bouche fermée. Voici un homme qui admet ouvertement que la guerre israélo-arabe de 1973 était une situation artificielle de fausse pénurie de pétrole dans le monde et qui, ce faisant, a convaincu un plus grand nombre de personnes que plus c'est petit, mieux c'est et plus c'est beau, et que le progrès industriel devait être freiné.

La raison d'être du Club de Rome, bien sûr, est que la preuve de ces affirmations, telles que formulées dans les rapports Forrester-Meadows, a été apportée à de nombreuses personnes par l'embargo pétrolier de 1973. Au cours de la période 1973-74, l'influence du Club de Rome sur les politiques de nombreux gouvernements a augmenté de façon spectaculaire.

La reine Juliana des Pays-Bas ordonne qu'une exposition

des idées du Club de Rome soit présentée dans le centre de Rotterdam. Peu après, le Club a tenu des réunions avec le ministre français des Finances et a mis en place ce que l'on appelle l'*Internationale sans reproche* pour discuter des implications du rapport du Club de Rome.

CHAPITRE 13

PRÉDICTIONS DÉSASTREUSES

En 1972, Peccei a été invité par le Conseil de l'Europe à présenter un document intitulé "Limits of Growth in Perspective" devant une session spéciale de parlementaires européens.

Au début de l'année 1974, grâce au travail de Peccei et du chancelier autrichien Bruno Krysky — l'ami social-démocrate de Willy Brandt — dix membres du Club de Rome tiennent une réunion privée avec plusieurs chefs d'État, dont l'ancien Premier ministre canadien Pierre Trudeau, l'ancien Premier ministre néerlandais Joop Den Uyl, l'ancien président de la Confédération suisse Nello Tiello, les représentants de l'Algérie et du Pakistan, etc. Selon les mots de Peccei, les graines du doute ont été semées.

Le rapport Forrester-Meadows a également suscité une très forte opposition de la part des industriels et d'autres personnes qui ont compris que les politiques de croissance zéro ne conviendraient jamais aux États-Unis d'Amérique. En conséquence de cette prise de conscience, le Club a tenté d'obtenir un contre-mouvement dirigé par M. Misarovick et Edward Pestell, qui ont déclaré que l'objectif du Club de Rome était de programmer la croissance organique :

"Le monde a un cancer et ce cancer est l'homme", a déclaré M. Pestell.

Ensuite, le COR a demandé l'élaboration d'un plan directeur conduisant à la création d'une nouvelle humanité, en d'autres termes, un Nouvel Ordre Mondial dirigé par ces personnes.

Le Club de Rome devait s'installer dans plusieurs pays du tiers monde, dont l'Iran, l'Égypte et le Venezuela, le Mexique et l'Algérie, après quoi ces pays ont été invités à adhérer, mais ont refusé de le faire.

Un plan de l'Institut de formation et de recherche des Nations unies intitulé *"Projets d'avenir"*, rédigé par Irvin Lazlow, membre du Club de Rome, n'était qu'une dénonciation amère de la croissance industrielle et de la civilisation urbaine. Il dénonçait les politiques actuelles d'industrialisation des États-Unis d'Amérique. Il dénonçait la classe moyenne et exigeait, comme Lénine l'avait fait avant lui, la destruction totale de la classe moyenne américaine, cette institution unique, cet organisme, qui empêche les États-Unis de suivre le chemin des empires grec et romain.

Dans ce domaine, Lazlow était habilement aidé par les serviteurs rémunérés du COR, Cyrus Vance et Henry Kissinger. Nombre des socialistes cités dans cette monographie rencontraient régulièrement Vance et Kissinger.

Comme je l'ai mentionné dans un précédent ouvrage, le Club de Rome a parrainé un projet visant à réécrire le livre de la Genèse, afin de remplacer l'injonction de la Bible selon laquelle l'homme doit dominer la nature.

Parmi les autres sympathisants du Club de Rome figuraient Cyrus Vance et Jimmy Carter lui-même, ainsi que Sol Linowitz, Phillip Klutznick, William Ryan — de l'ordre des jésuites de Toronto — et Peter Henriatt, qui était un expert en théologie de la libération.

Ces personnes se sont toutes réunies sous les auspices du Club de Rome afin de promouvoir une campagne mondiale de fondamentalisme religieux qui pourrait être utilisée pour renverser l'ordre mondial et les gouvernements existants au moment opportun, et ce plan est en cours de réalisation. Il est partiellement en place, mais pas encore complètement développé.

Je voudrais revenir sur la question de l'énergie nucléaire. Il y a une énorme pression contre l'énergie nucléaire — et nous avons vu une action sur tous les fronts : judiciaire, économique, social et politique. Mais selon des études menées à l'université Arken d'Allemagne de l'Ouest sur les effets des armes nucléaires, si seulement 10% des armes nucléaires des superpuissances explosaient, le sous-produit comprendrait une quantité très importante d'isotopes de césium qui, selon les prévisions, serait assimilé à la voie de l'iode dans le processus de vie. Une quantité suffisante de ces césiums radioactifs pourrait être générée pour tuer toutes les formes de vie supérieures affectées dans le monde entier.

Mais il ne s'agit bien sûr que d'une nouvelle histoire d'horreur diffusée par le Club de Rome, tout comme la peur d'une guerre thermonucléaire est une histoire d'horreur manipulée par les laveurs de cerveau des deux côtés de l'Atlantique.

L'idée derrière tout cela est de faire du nom même de "radioactif" un mot suscitant l'horreur dans l'esprit de la majorité de la population mondiale. Ainsi, la peur générée contre l'utilisation pacifique de l'énergie nucléaire a été très, très forte et a réussi à faire échouer un certain nombre de plans de construction importants et à mettre en attente des dizaines de centrales nucléaires qui devaient être construites aux États-Unis au cours des dix prochaines années.

Le seul danger qui donne des cauchemars à certaines personnes honnêtes est la crainte qu'une centrale nucléaire soit frappée par une puissante explosion nucléaire, ou qu'un fanatique antinucléaire hautement entraîné pénètre dans la centrale et la fasse sauter, ce qui, bien sûr, provoquerait une explosion secondaire.

Toutefois, les tentatives de sabotage de centrales nucléaires, comme l'ont prouvé des preuves concluantes à Three Mile Island, ne sont pas susceptibles de causer des dommages aussi importants que ceux qui seraient causés par la détonation d'armes nucléaires.

Des vies sont actuellement menacées par des dizaines de virus créés par l'homme, comme le VIH et la fièvre Ebola, dans lesquels l'énergie nucléaire ne joue aucun rôle.

L'étude, qui utilise des techniques standard, a montré que même selon les estimations les plus prudentes, plus d'un million d'emplois ont été perdus par l'élimination des installations d'énergie nucléaire dont la construction était déjà engagée et celles qui étaient déjà en service au milieu de l'année 2008. Pourtant, pas une seule personne n'a été tuée par la production commerciale d'énergie de fission aux États-Unis ! C'est exact ; pas une seule personne n'est morte dans la soi-disant "catastrophe nucléaire" de la centrale de Three Mile Island, qui n'était pas un accident, mais un acte de sabotage délibérément planifié.

Dans le même laps de temps, des millions de personnes sont mortes du sida, et des millions d'autres vont mourir, grâce aux plans génocidaires de Global 2000. Plus de 50 000 personnes meurent chaque année sur les routes d'Amérique dans des accidents de voiture, mais jusqu'à présent, en plus de quatre décennies, les centrales nucléaires aux États-Unis n'ont pas tué une seule personne !

Mais plus de 100 millions de vies ont été mises en péril par les forces antinucléaires du Club de Rome et de l'OTAN, qui ne cessent de laver le cerveau de cette nation avec un barrage de propagande antinucléaire.

La chose intéressante à ce sujet est la suivante : le corps humain lui-même produit de la radioactivité à tel point que d'éminents physiciens ont proposé, il y a quelques années, de ne pas autoriser plus de deux personnes à se trouver dans la même pièce à la fois. Par ailleurs, un voyage à ski en montagne ou un vol en avion de ligne expose une personne à bien plus de radioactivité que le fait de s'appuyer contre le mur d'une centrale nucléaire pendant un an.

Autre point intéressant, une centrale au charbon émet plus de radioactivité dans l'atmosphère par kilowatt qu'une centrale à fission. En extrayant l'uranium pour obtenir du combustible fissile, nous réduisons en fait la quantité totale de radioactivité à laquelle nous sommes exposés par les conséquences naturelles.

Actuellement, les programmes existants de retraitement et d'élimination fractionnée des déchets protègent absolument l'humanité de tout risque, à condition bien sûr que la matière reste dans le cycle de retraitement de la combustion. Et c'est possible.

C'est pourquoi les fanatiques antinucléaires, qui ont saboté le programme nucléaire de ce pays, ont été fidèles à leur dénonciation de l'accumulation de déchets de combustible radioactif. Avec l'arrivée en ligne des réacteurs surgénérateurs, la quantité fractionnaire de déchets non traités, qui est inférieure à cinq pour cent, peut encore être réduite. En utilisant les programmes de faisceaux de particules tels qu'ils ont été inventés et mis en place par le génie du Dr Edward Teller, des faisceaux de neutrons accélérés peuvent être appliqués aux déchets non désirés, et ceux-ci pourraient être complètement neutralisés en les transformant par un bombardement de neutrons contrôlé. Cela a été fait et peut être fait, et est tout à fait réalisable, et n'est certainement pas coûteux.

Depuis les années 1970, nous avons vu le Club de Rome mener une guerre acharnée contre les programmes d'énergie nucléaire dans ce pays, qu'ils ont soit annulé purement et simplement à cause des craintes des écologistes, soit retiré le financement de ces installations, soit une combinaison des deux. Tout cela a eu pour effet net d'augmenter de plusieurs milliards de dollars les coûts de construction des centrales nucléaires et, bien sûr, les coûts de production d'énergie à partir de ces centrales.

Une centrale nucléaire est normalement facile à construire

en l'espace de quatre ans, mais bien sûr, si le temps de construction est doublé — comme cela s'est produit en Amérique en raison de l'opposition des écologistes, des autorités locales et des États — les frais de construction et de financement font exploser le prix final de la centrale.

Ces coûteuses tactiques dilatoires combinées aux taux d'intérêt élevés des banquiers du Club de Rome, qui s'apparentent à de l'usure pure et simple, ont entraîné l'arrêt quasi total de la construction de centrales nucléaires aux États-Unis. En 2008, avec la flambée des prix du pétrole brut, il est encore plus crucial de construire des centrales nucléaires.

Les centrales antinucléaires doivent être l'une des grandes réussites du Club de Rome. S'il n'en était pas ainsi, l'industrialisation de l'Amérique aurait déjà progressé à pas de géant et je suis heureux de pouvoir dire que le chômage appartiendrait au passé.

À l'heure actuelle, au milieu de l'année 2008, quelque 15 millions d'Américains sont sans emploi, c'est du moins ce qu'affirme le gouvernement. Avec des centrales nucléaires en pleine production, ce ne serait pas le cas. Le combustible nucléaire est le moins cher par kilowatt de tous les combustibles disponibles dans le monde, aujourd'hui ou à tout moment.

CHAPITRE 14

RESTREINDRE L'ÉNERGIE NUCLÉAIRE

L a technologie de fusion est la seule source écologiquement acceptable d'énergie nouvelle nécessaire si, et c'est un grand si, les États-Unis doivent continuer à avoir une économie saine et une base industrielle en pleine croissance fournissant le plein emploi à sa grande réserve de travailleurs qualifiés. Sans une économie saine et sans une base industrielle en croissance, les États-Unis ne peuvent pas rester une puissance mondiale ou même maintenir leur position actuelle chancelante dans la structure du classement des puissances militaires mondiales. Si nous pouvions déjouer les plans du Club de Rome, le pays dans son ensemble en tirerait trois avantages immédiats :

> ➤ Il y aurait un développement considérable de notre infrastructure économique, qui provoquerait le plus grand boom économique que les États-Unis aient jamais connu.
> ➤ Il offrirait des possibilités d'emploi, éliminant, j'ose le suggérer, toute la base de chômeurs des États-Unis.
> ➤ Elle augmenterait les profits des investisseurs. Elle permettrait également de réduire et de rendre moins coûteuse la production d'énergie en Amérique, sans que cela coûte un centime de plus à l'économie.

> Imaginez les avantages de ne pas avoir à importer du pétrole saoudien. La situation de notre balance des paiements s'améliorerait à pas de géant. En six mois, notre économie et notre marché du travail auront connu une transition étonnante.

Tout cela se ferait sans augmenter les impôts. La technologie est là et la volonté est là — ce qui fait obstacle au développement national est le Club de Rome avec sa politique orchestrée d'opposition à l'énergie nucléaire.

Par conséquent, c'est à nous de faire passer le message que l'énergie nucléaire n'est pas mauvaise, mais bonne. Si, d'une manière ou d'une autre, nous avions des représentants au Congrès qui feraient passer les États-Unis en premier, et non leurs propres intérêts, un programme d'énergie nucléaire pourrait être lancé, ce qui entraînerait un nouveau boom des investissements dans la haute technologie, avec des millions de dollars investis et des centaines de milliers de nouveaux emplois créés.

Nous verrions de nouvelles industries apparaître ; nous verrions le chômage disparaître et le niveau de vie de ce pays s'élever de façon incommensurable et notre base industrielle et économique nous inciterait à devenir la plus grande puissance militaire du monde.

Nous n'aurions plus jamais à nous inquiéter d'une attaque par une puissance étrangère et nous ne connaîtrions plus jamais les cycles de prospérité et de dépression, imposés aux États-Unis par les banques de la Réserve fédérale.

Ceci est, bien sûr, diamétralement opposé aux politiques du Club de Rome. Par conséquent, nous nous battons pour notre avenir, pour nos vies, pour nos enfants et pour la sécurité de ce grand pays, le dernier bastion de la liberté dans le monde. Qu'est-ce qui a conduit à notre état actuel de récession ? Et ne laissez pas les statistiques du gouvernement vous tromper ; nous sommes dans les affres d'une profonde récession.

Qu'est-ce qui nous a amenés à ce triste état ? Les ressources naturelles de ce pays se sont-elles effondrées ? Il est certain qu'aujourd'hui, la majeure partie de la population doit se rendre compte que les événements ne se produisent pas simplement, mais qu'ils sont créés par une planification minutieuse. La cause fondamentale de la maladie qui assaille l'Amérique est l'échec des gouvernements successifs, après celui du président Roosevelt, à insister pour que la Grande-Bretagne traite les États-Unis comme un pays séparé, indépendant et souverain, au lieu d'imposer à ce pays la volonté du Comité des 300 par le biais du Club de Rome et du Fonds Monétaire International, comme ils l'ont fait depuis l'accord spécial conclu par Winston Churchill et F. D. Roosevelt en 1938.

Bien sûr, l'"accord spécial" a commencé bien avant cela. Certaines personnes m'ont écrit pour me dire : "Vous devez vous tromper, car Churchill n'était même pas le Premier ministre de l'Angleterre en 1938."

Certes, mais depuis quand ces gens se préoccupent-ils des titres ? Lorsque le tristement célèbre traité Balfour a été accepté, ces personnes se sont-elles adressées au Premier ministre anglais, qui contrôlait ostensiblement la Grande-Bretagne ? Non, ils ont soumis à la place un long mémorandum à Lord Rothschild, et c'est Lord Rothschild qui a rédigé la version finale du traité qui a donné la Palestine aux sionistes, que la Grande-Bretagne n'avait aucun droit d'accorder, puisqu'elle ne leur appartenait pas.

Nous avons constaté que la même chose se produisait avec Roosevelt et Churchill. Churchill n'était pas le Premier ministre en 1938, mais cela ne l'a pas empêché de négocier au nom des personnes qui le possédaient corps et âme : le Comité des 300. Churchill a reçu sa formation pendant la guerre des Boers en Afrique du Sud, et il a toujours été membre et messager de ce groupe d'élite pendant toute sa vie.

Une indication du type de stratégie adoptée par la Grande-Bretagne est fournie dans le livre publié à la fin de la Seconde Guerre mondiale par Elliot Roosevelt, fils et assistant de guerre de Franklin Roosevelt, intitulé *As I Saw It*.

Elliot Roosevelt a consigné les principales caractéristiques de Franklin Roosevelt exposant la politique américaine d'après-guerre à Churchill. Bien sûr, Churchill n'avait pas l'intention de le suivre ; il savait très bien que le pouvoir de renverser les propositions de Roosevelt, quelles qu'elles soient, appartenait au Comité des 300 qui dirige l'Amérique.

Les agents socialistes britanniques du changement ont infiltré les États-Unis par dizaines, notamment Walter Lippmann, qui était le principal propagandiste de Tavistock. C'est Lippmann qui a présenté Lord John Maynard Keynes, le "merveilleux" économiste à une Amérique sans méfiance, et c'est l'économie keynésienne qui a ruiné l'économie des États-Unis.

C'est Keynes qui a introduit des systèmes tels que les droits de tirage spéciaux, la théorie du "multiplicateur" et d'autres injustices grotesquement immorales, méchantes et viles imposées à la quasi-totalité de la race humaine par la petite minorité qui dirige le monde. Et nous devons réaliser que ce n'est pas une phrase creuse. Ces gens dirigent effectivement le monde et il est inutile de dire : "… c'est l'Amérique et nous avons une Constitution et cela ne peut pas arriver ici".

La Constitution des États-Unis a été foulée aux pieds et a été totalement et complètement subvertie, de sorte qu'aujourd'hui, elle n'a pratiquement plus aucune force ni aucun effet.

Rockefeller a créé l'arnaque de l'aide étrangère. C'est la plus grande arnaque que le monde ait jamais vue, en dehors des banques de la Réserve fédérale. Elle rend les nations entièrement dépendantes de l'aide des États-Unis, qui a un double objectif :

- ➢ Cela permet à ces nations de rester soumises à la volonté de leurs maîtres au sein du Conseil des relations extérieures.

- ➢ Elle taxe le contribuable américain au-delà de sa capacité de paiement et le garde si occupé à gagner sa vie pour garder la tête hors de l'eau qu'il n'a pas le temps de regarder autour de lui pour voir ce qui cause sa misère. Ce système a commencé en 1946.

Kissinger a introduit le hooliganisme dans la politique mondiale. Julius Klein de l'OSS a donné à Kissinger son emploi dans l'armée comme chauffeur du général Kramer. Kissinger a agi comme un hooligan dans la politique mondiale depuis que les Britanniques l'ont pris en charge et a coûté cher à l'image américaine et au public.

C'est principalement le travail de Kissinger qui a provoqué l'agonie de millions de personnes affamées en Afrique et qui a fait plier les nations et leur a fait céder leur intégrité souveraine.

C'est incroyable, et cela n'aurait jamais pu se produire il y a trois ou quatre ans, mais cela se produit en ce moment même, sous notre nez, au Brésil, au Mexique et en Argentine, où le FMI, l'organisation illégale du gouvernement mondial unique, l'enfant bâtard du Club de Rome, force les nations à plier le genou et à renoncer à leur intégrité souveraine et à leurs matières premières, sous peine de faillite.

Cette banque internationale unique a été créée pour voler, dépouiller et dénuder chaque pays faible de ses ressources naturelles. C'est la raison d'être du FMI. Le FMI est l'un des facteurs clés de la capacité du Club de Rome à dominer tant de nations.

Maintenant, je ne crois pas être mieux informé que ces sénateurs et membres du Congrès à Washington et je ne gagne rien de comparable à leurs salaires, pourtant ces soi-disant représentants de Nous, le Peuple, soutiennent le financement inconstitutionnel du bandit Fonds monétaire international, qui finira par prendre en charge les politiques de crédit et monétaires des États-Unis, asservissant ainsi le peuple dans un état de gouvernement mondial unique.

Nos représentants — *s'ils ont jamais été nos représentants* — pourraient ramener l'ordre et la stabilité aux États-Unis d'un simple trait de plume, si seulement nous avions ne serait-ce qu'une poignée de législateurs prêts à obéir à la Constitution. Nous pourrions commencer une nouvelle industrialisation de ce pays en abolissant le Conseil de la Réserve fédérale ; en décidant d'un système de distribution équitable et en introduisant l'énergie nucléaire, non seulement dans ce pays, mais dans tous les pays en développement.

Je crois que nous nous engagerions dans une période d'utopie pour ce monde, telle que nous n'en avons jamais vue auparavant. Cela, bien sûr, est en totale contradiction avec les plans du Club de Rome, non seulement pour ce pays, mais aussi pour le reste du monde.

Les travaux du Club de Rome comportent plusieurs aspects intéressants, dont l'un, comme je l'ai déjà mentionné, est le plan génocidaire Global 2000, qui est basé sur le rapport du Draper Fund Population Crisis Committee, soutenu par le général Maxwell Taylor et d'autres militaires.

Pour ceux d'entre vous qui m'ont interrogé sur certaines personnes dans l'armée, je vous suggère de leur demander s'ils soutiennent les conclusions du Draper Fund Population Crisis Committee et le rapport génocidaire Global 2000.

Le général Taylor part de la présomption ridicule dont partent tous les malthusiens, à savoir que la richesse provient des ressources naturelles. Le général Taylor affirme que la population des pays en développement consomme une trop grande partie des matières premières dont l'élite aura besoin dans les siècles à venir.

CHAPITRE 15

RAPPORT GLOBAL 2000

Par conséquent, selon l'argument, nous devons agir maintenant pour maintenir la consommation au niveau le plus bas possible en restreignant l'accès à la technologie et en maintenant la nourriture en quantité limitée.

Nous devons être prêts à laisser les populations du tiers monde mourir de faim, afin que les matières premières de leur pays ne soient pas absorbées par leurs ressortissants, mais soient disponibles pour les dirigeants du monde.

C'est la prémisse sous-jacente du rapport Global 2000 et du comité Draper Fund Population Crisis du général Maxwell Taylor. Il n'est pas surprenant de constater que Robert McNamara a été impliqué dans ce type de raisonnement.

Après tout, nous connaissons très bien le rôle joué par McNamara au Vietnam et nous connaissons peut-être moins bien le rôle joué par le Club de Rome dans la formulation d'une politique de génocide, qui a été menée par le régime de Pol Pot au Cambodge.

Ce complot a été ourdi et mis en route au Cambodge à titre expérimental. Et ne pensez pas que la même chose ne pourrait pas se produire en Amérique ; c'est possible et cela se produira. Taylor et McNamara étaient de grands partisans du déploiement de l'OTAN en dehors de son théâtre d'opérations (l'Europe), en violation de sa charte qui l'obligeait à n'opérer qu'en Europe.

En d'autres termes, grâce aux troupes de l'OTAN, les pays récalcitrants seront contraints de payer leurs dettes usuraires au FMI, sous la menace d'une invasion. C'est vraiment le fond de l'affaire, une menace contre la conduite civilisée.

Notre civilisation et notre patrimoine sont en jeu ; transmis par les Solon d'Athènes et les républiques de la cité-État ionienne, nous pouvons retracer l'impulsion à gouverner, nos idéaux chrétiens, et deux des caractéristiques du christianisme étant au cœur de cet idéal.

Nous devons nous gouverner selon le livre de la Genèse, "soyez féconds, multipliez, remplissez la terre et soumettez-la". Nous pouvons augmenter et maintenir la vie humaine et la rendre excellente et bien meilleure qu'elle ne l'est actuellement. Pas pour le petit nombre qui connaît les règles ésotériques et les lois secrètes du cultisme et de l'occultisme, mais pour la majorité, la grande majorité que le Christ a dit être venu libérer, et encore une fois, j'utilise ceci strictement dans un contexte non-religieux.

Nous devons nous gouverner sous l'influence des principes chrétiens, illustrés par le Christ, en perfectionnant ses facultés rationnelles d'esprit et en exprimant sa foi en Dieu, un Dieu vivant, qui traitera toujours la vie humaine comme sacrée.

Nous ne devons pas permettre à ces artistes de magie noire occulte de nous faire croire que l'humanité est une masse de personnes. C'est un mensonge. L'humanité n'est pas une masse ; l'idée même que chacun de nous est un individu est mise en évidence par le fait que nous avons des empreintes digitales individuelles.

Il n'existe pas deux jeux d'empreintes digitales identiques dans le monde entier. Par conséquent, nous ne sommes pas une masse de personnes, nous sommes des individus. Nous devons rassembler les informations technologiques et en faire bon usage avant que le Club de Rome ne nous réduise à une troupe babillarde de sous-hommes faciles à gérer, totalement dépendants d'eux pour l'aumône et pour notre existence même, qui promet d'être très maigre.

Tout chef d'une nation qui accepte le culte de la politique malthusienne du Club de Rome, qui signifie simplement que seuls quelques-uns doivent en profiter aux dépens du plus grand nombre, se condamne lui-même et son peuple à mille ans d'esclavage.

Sous les contraintes malthusiennes, aucune nation ne peut se développer ou croître, car si elle le fait, elle utilisera les ressources naturelles qui, selon le Club de Rome, appartiennent à une minorité, la classe dirigeante. Une telle nation est condamnée à périr parce que les influences néfastes qui suivent une telle politique ne peuvent pas survivre à la lumière du jour.

C'est ce qui se cache derrière les soi-disant "conditionnalités" imposées par le FMI au Brésil et au Mexique. Le FMI souhaite en fait que ces pays restent pauvres.

Par conséquent, il rend les conditions des prêts si

impossibles à respecter que les nations s'épuisent à essayer de rembourser les intérêts. Ils se livrent ainsi corps et âme aux dictats et au contrôle du FMI, qui, comme je l'ai dit, est le bras financier du Club de Rome. Nous ne devons pas rester les bras croisés et laisser ces choses se produire.

Le Club de Rome est parfaitement conscient, même si nos concitoyens ne le sont pas, que tous les pays industriels prospères du 19ème siècle, à l'exception de la Grande-Bretagne, ont été motivés par le système américain d'économie politique et pourtant, aucune université américaine ne l'enseigne aujourd'hui. Elles ont peur de l'enseigner.

Les socialistes et le professeur Laski de la Fabian Society l'ont interdit. Mais nous le voyons sous nos yeux — c'est seulement au Japon que le système américain est encore appliqué avec succès. Cela explique l'apparente supériorité de l'économie japonaise sur celle de l'Amérique. Nous avons été forcés d'abandonner notre propre système d'économie politique américain en faveur de l'idée de la noblesse noire sur la façon dont les choses devraient être gérées, ce qui est le socialisme mondial en action.

Mais le Japon s'est défilé. Les performances de l'économie japonaise sont la preuve que le système américain fonctionne si on lui donne une chance. Mais les États-Unis ont ce cancer sur leur société appelé le Club de Rome, qui bloque le gouvernement, bloque nos législatures, bloque les progrès dans le domaine de l'énergie nucléaire, détruit nos aciéries, notre industrie automobile et notre industrie du logement, tandis que les Japonais vont de l'avant. Bien sûr, eux aussi sont promis à un grand revers et dès que le Club de Rome se sentira suffisamment fort, il tournera son attention vers les Japonais qui subiront le même sort.

Nous ne devons pas permettre que cela se produise. Nous devons nous battre pour que l'Amérique reste une nation civilisée et industrielle. Nous devons trouver des dirigeants qui suivront à nouveau les politiques de George Washington et, en ce qui concerne l'économie politique, chasser les Keynes, Laski, Kissinger et la famille Bush qui ont amené ce pays au bord de la ruine.

L'histoire nous apprend que le christianisme est apparu comme une force institutionnelle en opposition aux puissances des ténèbres. Le Christ a dit : "Je viens vous donner la lumière et la liberté".

Il s'adressait aux personnes qui, à l'époque, n'étaient considérées que comme le rebut de la société par l'élite minoritaire pharisaïque.

CHAPITRE 16

LA NOBLESSE NOIRE

L e christianisme a produit la forme de civilisation la plus puissante en matière de politique étatique et de culture, ce qui explique pourquoi le Club de Rome est si farouchement opposé à la doctrine chrétienne. Pour autant que je sache, le dernier effort pour créer un seul État de la chrétienté occidentale a été vaincu vers 1268 après J.-C. par les Guelfes noirs dirigés par les Vénitiens qui ont vaincu les forces associées à Dante Alighieri, le grand poète italien.

De nombreuses tentatives ont été faites en Europe pour créer un nouveau type d'État. La république d'État-nation souverain est fondée sur l'usage partagé d'une langue commune, remplaçant les dialectes, qui prévalaient à l'époque. La conception de Dante était bonne et elle a tenu bon jusqu'à ce qu'elle soit vaincue, ce qui, comme nous le savons, a été le résultat direct de l'écrasement des forces républicaines en Angleterre par l'établissement, en 1603, de la monarchie britannique sous la direction de la marionnette vénitienne, Jacques Ier.

Nous savons qu'à cause de cela, tous les efforts ont été faits pour écraser cette nouvelle forme de républicanisme d'État-nation. Cette guerre se poursuit encore aujourd'hui. La guerre d'indépendance américaine n'a jamais pris fin. C'est une "bataille" permanente depuis 1776, et depuis lors, l'Amérique a perdu deux batailles majeures :

En 1913, nous avons été vaincus par deux actes du gouvernement fédéral : la mise en place d'un impôt sur le revenu progressif — une doctrine marxiste — et la création des banques de la Réserve fédérale, un monopole bancaire privé.

Mais même avant cela, des coups terribles ont été portés à la République américaine par l'adoption du "specie resumption act" en 1876-1879, lorsque les États-Unis ont abandonné leur souveraineté sur leur monnaie de crédit national et leurs politiques de dette et ont placé les politiques monétaires de la jeune République à la merci des banquiers internationaux de la bourse de l'or à Londres. Le pouvoir interne sur nos affaires monétaires était par la suite de plus en plus à la merci des puissants agents des banquiers britanniques et suisses, par l'intermédiaire d'August Belmont, un parent des Rothschild qui l'ont envoyé aux États-Unis pour défendre leurs intérêts, et de la dynastie J. P. Morgan.

Bien que le système d'échange d'or de Londres se soit lui-même effondré par phases successives entre la première et la Deuxième Guerre mondiale, les Fondi anglo-suisses vénitiens, c'est-à-dire les personnes disposant des fonds, ont établi une dictature virtuelle sur les affaires monétaires mondiales dans le cadre des accords de Bretton Woods, l'escroquerie du siècle.

Les États-Unis ont le pouvoir de détruire toutes ces chaînes qui lient leur peuple ; ils le peuvent, et ils le pourraient, si seulement nous pouvions élire des législateurs qui placeraient leur pays avant leurs intérêts personnels et entreprendraient de détruire cette monstruosité qu'est le socialisme, qui nous tient à la gorge, et que nous appelons aujourd'hui le Club de Rome.

Plusieurs personnes m'ont demandé : "Si ce que vous dites est vrai, pourquoi nos universités et nos écoles n'enseignent-elles pas le type d'économie dont vous parlez ?"

Permettez-moi de souligner que les longs siècles de dictature de Londres et des banquiers suisses sur le système et les affaires monétaires du monde est la raison absolue numéro un pour laquelle aucun département ou école économique d'une université américaine n'enseigne l'économie correcte ou ne défend le système monétaire du bimétallisme sur lequel notre République, les États-Unis d'Amérique, a été fondée et qui a fait des États-Unis le pays le plus riche et le mieux géré du monde.

Si la véritable économie était enseignée, le socialisme disparaîtrait. Les étudiants verraient exactement ce qui ne va pas dans ce pays et commenceraient à chercher où jeter le blâme.

Tant que nous, en tant que nation, autoriserons la subversion illégale de notre souveraineté par le biais de décisions politiques et économiques et que nous nous subordonnerons à des institutions monétaires supranationales telles que le FMI et la Banque des Règlements Internationaux, tant que l'American Bar Association, "nos" avocats, "notre" gouvernement, "nos" membres du Congrès et "notre" économie privée continueront à plaire à ces agences monétaires subversives, à ces institutions financières supranationales, notre pays courra à sa perte.

Nous ne devrions pas avoir à plaire à une institution supranationale ni à jouer selon les règles qu'elle souhaite nous dicter. Tout récemment, nous avons vu une fois de plus comment le Congrès s'est rallié au plan diabolique de renflouement de cet institut méprisable inspiré de Laski-Keynes et des socialistes, appelé Fonds Monétaire International.

Nous devons apprendre à nos concitoyens ce qui se passe exactement avec le FMI et le Club de Rome. L'économie n'est pas un sujet si compliqué que cela. Une fois que l'on en a saisi les principes, elle est assez facile à suivre. Permettez-moi de vous donner quelques exemples de la façon dont nous nous sommes trahis en laissant les dictats des organisations supranationales internationales socialistes s'imposer à notre nation comme un cancer.

Prenons l'exemple de l'immédiat après-guerre de la Seconde Guerre mondiale : quelque 62% de notre main-d'œuvre nationale était employée soit à la production de biens matériels, soit au transport de ces biens. Aujourd'hui, si nous utilisons les statistiques officielles — qui sont très peu fiables dans le meilleur des cas — moins de 30% de notre main-d'œuvre est employée à ce niveau. Le chômage est de l'ordre de 20%. La modification de la composition de l'emploi de la main-d'œuvre nationale est la cause sous-jacente de l'inflation. C'est principalement là que se situe le problème.

Si nous regardons l'histoire, en particulier les années 1870, nous observons une diminution générale des coûts de production des biens, un cycle déflationniste dans l'avancement de la production de la richesse, causé principalement par l'influence du système américain d'économie politique, en favorisant le progrès technologique sous forme de progrès industriel et l'augmentation de la productivité agricole. Mais depuis la prise en main des affaires monétaires du monde par le système d'échange d'or de Londres entre les mains d'une poignée de personnes dans les années 1880, d'affreuses dépressions se sont succédées rapidement, entrecoupées de longues spirales d'inflation.

C'est le produit direct des forces malthusiennes qui contrôlent ce monde et qui sont associées aux doctrines de John Stewart Mill, Harold Laski et John Maynard Keynes. Les politiques de soi-disant liberté économique du marché ne font rien d'autre qu'augmenter les investissements spéculatifs dans des formes fictives de capitalisation des loyers et d'usure des financiers rentiers aux dépens des investissements dans la vraie technologie et la vraie production progressive de biens réels et tangibles.

C'est pourquoi je dis à tous mes amis : "Ne vous approchez pas du marché boursier". La bourse est un espace fictif d'investissement spéculatif, et ce n'est pas un espace où l'argent est investi dans le progrès technologique pour la production de biens tangibles de manière progressive et ordonnée.

Par conséquent, le marché boursier doit s'effondrer. Il ne peut pas être soutenu éternellement ni se maintenir éternellement. C'est une bulle d'air chaud, qui sera un jour dégonflée et quand cela arrivera, beaucoup en subiront les conséquences.

L'astuce est d'amener les gens à écouter maintenant, avant que cela ne se produise. Sous l'impulsion du Club de Rome, le flux de crédit s'est déplacé de la production de biens et de la production agricole vers des formes d'investissement financier non productives de biens. Bien sûr, cela a créé d'énormes problèmes pour le pays.

Le changement dans la composition des flux financiers et de l'emploi a été la cause à la fois de dépressions majeures périodiques et de mouvements inflationnistes à long terme construits à l'intérieur de ce qui est maintenant notre système économique. Je n'avais pas l'intention de transformer cet article en un exposé de faits économiques, mais il est parfois nécessaire de porter ces choses à notre attention. Il y a une force maléfique à l'œuvre dans l'Amérique d'aujourd'hui, et elle s'appelle le socialisme, au nom duquel agit le Club de Rome.

C'est un organisme dédié à la destruction des États-Unis d'Amérique, tels que nous les connaissons. C'est un organisme qui se consacre à l'avènement du Nouvel Ordre Mondial dans lequel les soi-disant quelques privilégiés, le Comité des 300, gouverneront le monde entier.

Notre destin sera sûrement scellé à moins que nous ne puissions rassembler les hommes de bonne volonté et forcer un changement dans les politiques de notre gouvernement. Cela ne peut se faire qu'en faisant le ménage, en nettoyant les écuries d'Augias et en se débarrassant d'organisations secrètes telles que le Club de Rome, afin qu'elles ne soient plus en mesure de dicter le cours des événements et de contrôler l'avenir de ce grand pays. Tant que nous n'aurons pas fait cela, nous nous dirigerons vers l'esclavage dans un gouvernement mondial unique — le Nouvel Ordre Mondial.

JOHN COLEMAN

Déjà parus

OMNIA VERITAS LTD PRÉSENTE :

par John Coleman

LA HIÉRARCHIE DES CONSPIRATEURS
HISTOIRE DU COMITÉ DES 300

JOHN COLEMAN

LA HIÉRARCHIE DES CONSPIRATEURS
HISTOIRE DU COMITÉ DES 300

Cette conspiration ouverte contre Dieu et l'homme, inclut l'asservissement de la majorité des humains

OMNIA VERITAS LTD PRÉSENTE :

PAR
JOHN COLEMAN

LA DIPLOMATIE PAR LE MENSONGE
UN COMPTE RENDU DE LA TRAÎTRISE DES
GOUVERNEMENTS DE L'ANGLETERRE ET DES ÉTATS-UNIS

JOHN COLEMAN

LA DIPLOMATIE PAR LE MENSONGE

L'histoire de la création des Nations Unies est un cas classique de diplomatie par le mensonge

OMNIA VERITAS LTD PRÉSENTE :

LA DYNASTIE ROTHSCHILD

par John Coleman

JOHN COLEMAN

LA DYNASTIE
ROTHSCHILD

Les événements historiques sont souvent causés par une "main cachée"

OMNIA VERITAS LTD PRÉSENTE :

JOHN COLEMAN
LA FRANC-MAÇONNERIE
de A à Z

LA FRANC-MAÇONNERIE

de A à Z

par John Coleman

La franc-maçonnerie est devenue, au XXIe siècle, moins une société secrète qu'une "société à secrets".

Cet ouvrage explique ce qu'est la maçonnerie

OMNIA VERITAS LTD PRÉSENTE :

JOHN COLEMAN
L'INSTITUT TAVISTOCK
des RELATIONS HUMAINES

L'INSTITUT TAVISTOCK
des RELATIONS HUMAINES

Façonner le déclin moral, spirituel, culturel, politique et économique des États-Unis d'Amérique

Sans Tavistock, il n'y aurait pas eu la Première et la Deuxième Guerre mondiale

par John Coleman

Les secrets du Tavistock Institute for Human Relations

OMNIA VERITAS LTD PRÉSENTE :

JOHN COLEMAN
LA DICTATURE de l'ORDRE MONDIAL SOCIALISTE

LA DICTATURE de l'ORDRE MONDIAL SOCIALISTE

Pendant toutes ces années, alors que notre attention était concentrée sur les méfaits du communisme à Moscou, les socialistes à Washington étaient occupés à voler l'Amérique !

PAR JOHN COLEMAN

"L'ennemi à Washington est plus à craindre que l'ennemi à Moscou."

ⓄMNIAVERITAS.

OMNIA VERITAS LTD PRÉSENTE :

JOHN COLEMAN

AU-DELÀ de la CONSPIRATION

DÉMASQUER LE
GOUVERNEMENT MONDIAL INVISIBLE

par John Coleman

AU-DELÀ de la CONSPIRATION
GOUVERNEMENT MONDIAL INVISIBLE

Tous les grands événements historiques sont planifiés en secret par des hommes qui s'entourent d'une totale discrétion

Les groupes hautement organisés ont toujours l'avantage sur les citoyens

ⓄMNIAVERITAS.

OMNIA VERITAS LTD PRÉSENTE :

JOHN COLEMAN

La GUERRE de la DROGUE contre L'AMÉRIQUE

PAR JOHN COLEMAN

La GUERRE de la DROGUE contre L'AMÉRIQUE

Le commerce de la drogue ne peut pas être éradiqué parce que ses directeurs ne permettront pas que le marché le plus lucratif du monde leur soit enlevé...

Les véritables promoteurs de ce commerce maudit sont les "élites" de ce monde

ⓄMNIAVERITAS.

OMNIA VERITAS LTD PRÉSENTE :

JOHN COLEMAN

LES GUERRES DU PÉTROLE

PAR JOHN COLEMAN

LES GUERRES DU PÉTROLE

Le récit historique de l'industrie pétrolière nous entraîne dans les méandres de la "diplomatie"

La lutte pour monopoliser la ressource convoitée par toutes les nations

OMNIA VERITAS LTD PRÉSENTE :

LA TRILOGIE WALL $TREET

PAR ANTONY SUTTON

"Le professeur Sutton restera dans les mémoires pour sa trilogie : Wall St. et la révolution bolchevique, Wall St. et FDR, et Wall St. et l'ascension d'Hitler."

Cette trilogie décrit l'influence du pouvoir financier dans trois événements clés de l'histoire récente

OMNIA VERITAS & LE RETOUR AUX SOURCES

présentent la Collection EUSTACE MULLINS

OMNIA VERITAS LTD PRÉSENTE :

JÜRI LINA

LES ARCHITECTES DU MENSONGE
L'HISTOIRE SECRÈTE DE LA FRANC-MAÇONNERIE

Un aperçu du réseau caché derrière les événements passés et présents qui dévoile les véritables raisons de plusieurs guerres et révolutions majeures.

Ce système politique a été construit par des forces agissant en coulisses...

OMNIA VERITAS

L'ASCENSION ET LA CHUTE DE L'EMPIRE SOVIÉTIQUE

Omnia Veritas Ltd présente :

SOUS LE SIGNE DU SCORPION

PAR JURI LINA

La vérité sur la Révolution Bolchévique

OMNIA VERITAS

Omnia Veritas Ltd présente :

VLADIMIR POUTINE & L'EURASIE

de JEAN PARVULESCO

L'avènement providentiel de l' "homme prédestiné", du "concept absolu" Vladimir Poutine, incarnant la "Nouvelle Russie"

Un livre singulièrement dangereux, à ne surtout pas mettre entre toutes les mains

OMNIA VERITAS

Omnia Veritas Ltd présente :

LA CONTROVERSE DE SION de Douglas Reed

Les racines multiséculaires et l'agenda caché du sionisme.

L'ouvrage-clef non-censuré enfin disponible en français !

OMNIA VERITAS OMNIA VERITAS LTD PRÉSENTE :

ÉCRITS RÉVISIONNISTES de ROBERT FAURISSON

LE DEVOIR DE MÉMOIRE EN 4 VOLUMES

Redécouvrons le sens de l'exactitude historique !

OMNIA VERITAS OMNIA VERITAS LTD PRÉSENTE :

ŒUVRES & ÉCRITS de CHARLES MAURRAS

7 VOLUMES POUR RETROUVER LE SOUFFLE DE L'ESPRIT FRANÇAIS

Pour sortir de la domination cosmopolite, célébrons Maurras !

OMNIA VERITAS Omnia Veritas Ltd présente :

LES ŒUVRES DE PAUL RASSINIER

J'avais pensé que, sur un sujet aussi délicat, il convenait d'administrer la vérité à petites doses

Omnia Veritas Ltd présente :

JUGEMENT FINAL
Le chaînon manquant de l'assassinat de JFK

de Michael Collins Piper

Volume I & II

Omnia Veritas Ltd présente :

Jack l'Éventreur la solution finale

par Stephen Knight

« Jack l'Éventreur... Un nom d'anthologie qui brille au noir panthéon des criminels de légende - probablement le meurtrier anonyme le plus connu de la planète. Sa célébrité durable repose sur son anonymat bien gardé. »

Cette lecture offre de façon alarmante une solution finale des plus convaincantes...

OMNIAVERITAS INTÉGRALE RENÉ GUÉNON 350€

OMNIA VERITAS

Omnia Veritas Ltd présente :

L'EMPRISE DU MONDIALISME

I CRISE ÉCONOMIQUE MAJEURE
ORIGINE - ABOUTISSEMENT

II INITIATION &
SOCIÉTÉS SECRÈTES

III LE SECRET DES HAUTES
TECHNOLOGIES

IV HÉRÉSIE MÉDICALE &
ÉRADICATION DE MASSE

V L'EMPOISONNEMENT GLOBAL

I   II   III   IV   V

Le mondialisme décrypté après sept années d'investigation

OMNIA VERITAS

OMNIA VERITAS LTD PRÉSENTE :

LES PAMPHLETS   LOUIS-FERDINAND CÉLINE

« ... QUE LES TEMPS SONT VENUS, QUE LE DIABLE NOUS APPRÉHENDE, QUE LE DESTIN S'ACCOMPLIT. »

LF Céline

UN INDISPENSABLE DEVOIR DE MÉMOIRE

OMNIA VERITAS®

Omnia Veritas Ltd présente :

KEVIN MACDONALD

LA CULTURE DE LA CRITIQUE

LES JUIFS ET LA CRITIQUE RADICALE
DE LA CULTURE DES GENTILS

Ses analyses mettent à jour l'influence culturelle prépondérante des Juifs et leur volonté de miner les nations dans lesquelles ils vivent, pour mieux dominer la société diversifiée qu'ils prônent tout en demeurant eux-mêmes un groupe ethnocentré et homogène, hostile aux intérêts des peuples blancs.

Une analyse évolutive de l'implication juive dans les mouvements politiques et intellectuels du XXe siècle

OMNIA VERITAS

Omnia Veritas Ltd présente :

ISRAËL SHAHAK

HISTOIRE JUIVE
RELIGION JUIVE

LE POIDS DE TROIS MILLÉNAIRES

ISRAËL SHAHAK

HISTOIRE JUIVE / RELIGION JUIVE
LE POIDS DE TROIS MILLÉNAIRES

Rescapé des camps de concentration nazis, il est aussi un auteur et un militant pour la paix, antisioniste radical.

Ses écrits sur le judaïsme ont engendré des controverses...

OMNIA VERITAS

Omnia Veritas Ltd présente :

Alexandre Lebreton

Franc-maçonnerie & schizophrénie

Après *MK*, les nouvelles révélations d'Alexandre Lebreton

Comprendre les arcanes du pouvoir maçonnique

OMNIA VERITAS

LÉON DEGRELLE

OMNIA VERITAS LTD PRÉSENTE :

LÉON DEGRELLE

LES ÂMES QUI
BRÛLENT

Notes sur la paix, la guerre et l'exil

LES ÂMES QUI
BRÛLENT
Notes sur la paix, la guerre et l'exil

J'ai vu, ébloui, s'élever les grands feux d'or de ma jeunesse. Leur incendie illuminait mon pays...

Ai-je jamais été un autre être que ce rêveur solitaire...?

OMNIA VERITAS — Omnia Veritas Ltd présente :

L'ORDRE SS
ÉTHIQUE & IDÉOLOGIE
par EDWIGE THIBAUT

La formation politico-militaire la plus extraordinaire qu'ait jamais connue l'humanité

OMNIA VERITAS — OMNIA VERITAS LTD PRÉSENTE :

Du Frankisme au Jacobinisme

La vie de Moses Dobruska, alias Franz Thomas von Schönfeld alias Junius Frey

PAR

GERSHOM SCHOLEM

La vie mouvementée de Moses Debruska, personnage énigmatique qui participa à la Révolution française raconté par un des plus grands noms de la pensée juive contemporaine

Élevé comme juif orthodoxe, il devint par la suite l'adepte d'une secte kabbaliste

OMNIA VERITAS — Omnia Veritas Ltd presente:

LA GUERRE OCCULTE
de
Emmanuel Malynski

Satan s'est révolté au nom de la **liberté** et de l'**égalité** avec **Dieu**, pour asservir en se substituant à l'**autorité** légitime du Très-Haut...

Toute l'histoire du XIXe siècle est marquée par l'évolution du mouvement révolutionnaire

Les étapes du duel gigantesque entre deux principes

OMNIA VERITAS — OMNIA VERITAS LTD PRÉSENTE :

MAURICE BARDÈCHE

QU'EST-CE QUE LE FASCISME ?

À l'origine, c'est un mouvement de militants socialistes et d'anciens combattants qui sauva l'Italie du bolchevisme...

Il était venu au pouvoir pour éviter l'anarchie, le chaos, la guerre civile...

OMNIA VERITAS — Omnia Veritas Ltd présente :

Histoire des Banques Centrales
& de l'asservissement de l'humanité
de
STEPHEN MITFORD GOODSON

Tout au long de l'histoire, le rôle des prêteurs de deniers a souvent été considéré comme la « main cachée »...

Un directeur de banque centrale révèle les secrets du pouvoir monétaire.

Un ouvrage-clef pour comprendre le passé, le présent et le futur.

OMNIA VERITAS — Omnia Veritas Ltd présente :

Triptyque sur le conditionement de l'homme par la femme par ESTHER VILAR

I

II

III

Une analyse des rapports entre hommes et femmes dans les pays occidentaux

OMNIA VERITAS
OMNIA VERITAS LTD PRÉSENTE :
JULIUS EVOLA
LE MYTHE DU SANG &
SYNTHÈSE DE DOCTRINE DE LA RACE
ÉLÉMENTS POUR UNE ÉDUCATION RACIALE
La conscience de la valeur de la race se révèle dans un ensemble de normes que l'on peut retrouver dans les anciennes civilisations.
Les forces mystiques qui étaient à l'origine des forces du sang et de la gens

OMNIA VERITAS
OMNIA VERITAS LTD PRÉSENTE :
JULIUS EVOLA
RÉVOLTE CONTRE LE
MONDE MODERNE
«Partout, dans le monde de la Tradition, cette connaissance a toujours été présente comme un axe inébranlable autour duquel tout le reste était hiérarchiquement organisé.»
Il y a un ordre physique et il y a un ordre métaphysique

OMNIA VERITAS
OMNIA VERITAS LTD PRÉSENTE :
JULIUS EVOLA
MÉTAPHYSIQUE DU SEXE
Une vaste fresque tout entière consacrée à l'expression spirituelle et mythique de l'amour sexuel.
Les significations essentielles de la puissance qui anime cet univers de l'Eros

OMNIA VERITAS
OMNIA VERITAS LTD PRÉSENTE :
JULIUS EVOLA
MÉTAPHYSIQUE DE LA GUERRE
& LA DOCTRINE ARYENNE
DU COMBAT ET DE LA VICTOIRE
«La guerre, en posant et faisant réaliser la relativité de la vie humaine, a toujours une valeur anti-matérialiste et spirituelle. »
Une connaissance transfigurante de la vie en fonction de la mort

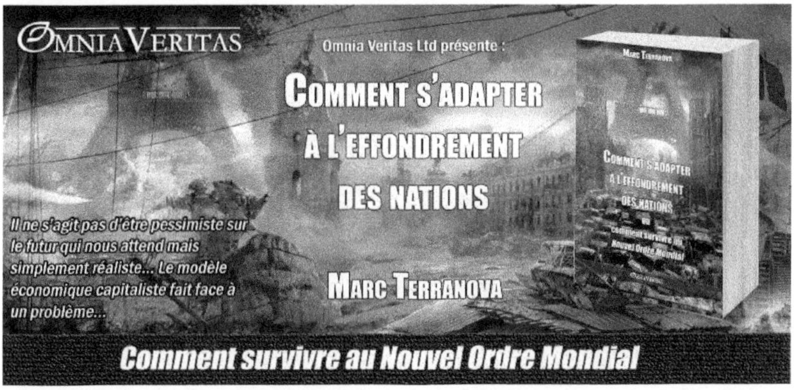
OMNIA VERITAS
Omnia Veritas Ltd présente :
COMMENT S'ADAPTER
À L'EFFONDREMENT
DES NATIONS
Il ne s'agit pas d'être pessimiste sur le futur qui nous attend mais simplement réaliste... Le modèle économique capitaliste fait face à un problème...
MARC TERRANOVA
Comment survivre au Nouvel Ordre Mondial

OMNIA VERITAS
OMNIA VERITAS LTD PRÉSENTE :
LA RÉPUBLIQUE UNIVERSELLE DU GENRE HUMAIN
«L'engagement de la synagogue talmudique envers les principes de la Révolution dite française, indique que celle-ci fut, d'abord et avant tout, d'essence talmudo-kabbalistique»
PRÉFACE DE PIERRE HILLARD
Le passé éclaire le présent, la France est à part et son sort est lié à l'Église...

𝒪MNIA VERITAS

Omnia Veritas Ltd présente :

Lucien Rebatet

Les décombres

Les décombres

Lucien Rebatet

La France est gravement malade, de lésions profondes et purulentes. Ceux qui cherchent à les dissimuler, pour quelque raison que ce soit, sont des criminels.

Mais que vienne donc enfin le temps de l'action !

𝒪MNIA VERITAS

Omnia Veritas Ltd présente :

Lucien Rebatet

Dialogues de "vaincus"

Pierre-Antoine Cousteau

Pierre-Antoine Cousteau
Lucien Rebatet

Dialogues de "vaincus"

«Pour peu qu'on décortique un peu le système, on retrouve toujours la vieille loi de la jungle, c'est-à-dire le droit du plus fort.»

Le Droit et la Justice sont des constructions métaphysiques

𝒪MNIA VERITAS

www.omnia-veritas.com